日本仏教の近代化

Modernization Buddhism

―社会変動に即して―

高瀬武三
Takase Takemi

風詠社

まえがき

日本仏教の今の有様、また現代社会の状況を見てどうしようもない焦燥の念に駆られるのは一人私だけでしょうか。毎日報道されるテレビニュースや、新聞の紙面を埋め尽くしている記事は、殺人、詐欺、強盗、窃盗、自殺、いじめ暴力、誘拐、暴行、麻薬、賭博、死体遺棄、乱闘、ストーカー、セクハラなど正に地獄の様相を呈しています。

社会の中心的価値が混乱して、アノミー状態に陥った現代社会はもはや統制のとれない無法状態にあります。

仏教ではこういう世相を末法の世と言っています。かつて平安時代の末期、日本の社会は末法の世を経験しました。平安時代までの日本の仏教は皇族や貴族といった国の支配層に支えられて、僧侶は今でいう公務員（官僧）として安定した地位を確保していました。

しかし、長い間国家の庇護のもとに安住していた仏教は堕落し、僧侶の生活は乱れ、当時は禁じられていた飲酒、妻帯を平然と行う僧侶が現れる一方、高僧たちは寺院で学問仏教に明け暮れ、民衆の救済という大乗仏教本来の目的から遠ざかっていきました。

こうした時代背景のもと、平安時代末期から鎌倉時代にかけて、国家権力階層の朝廷や貴族の没落に代わって新たに勃興してきた武士階級の狭間で、生きがいを失った民衆を救済の対象とする新しい仏教の教えが登場してきました。法然、親鸞を祖師とする浄土教、榮西、道元を祖師とする禅の教えなどがそれです。私はこの中世における末法の世に生きる人々を救った一連の仏教興隆を中世的自覚と捉えて、この中世的自覚を展望することによって、現代日本仏教の近代化の窓を見出す手がかりとするために本書を出版することにしました。

本来仏教の教えは「生」「老」「病」「死」という現世の苦しみの原因である煩悩を克服して仏となることであり、どの宗派もこの基本に変わりはありません。宗派の違いは煩悩を克服する方法の違いです。

仏教の近代化は檀家制度に胡坐をかいた葬式仏教から脱して本来の仏教に復帰することであります。末法を正法に返すことであります。しかしそれは容易なことではありません。

道元、親鸞、日蓮のような宗教的天才が現れるまでのつなぎとして、今僧侶がやらなければならないことは、人生はすべて苦であることを認識して、その苦を克服して生きる仏の知恵を獲得すべく仏の示した道（八正道）に生きることであり、現代人の悩みを救済するために、菩薩道（六波羅蜜）を実践する菩薩行に徹することであります。

目次

装幀　２ＤＡＹ

第1章　文化変容と宗教―鎌倉仏教興起の原因―

1　問題への導入

一般に文化型（Culture pattern）が形成されるためには、そこにさまざまな事情が交叉しているのが見出される。いまここで仏教を一つの文化複合（Culture complex）とみて、これが日本の社会に受容され、変容された歴史的事実を考察しようとした場合には次のような二つの見方が必要となってくる。

すなわち、その一は日本社会の影響によって仏教そのものがいかなる組成変化をなしたかということであり、いいかえれば、仏教の観念的内容の変化と、その二は日本文化という文化型が、いかに仏教文化に対して内容的に変化させたかという点であり、いいかえれば、儀礼的意味の転化の二つを総合的に考察することによってのみ「日本社会における仏教」をダイナミックにとらえる事が出来る。

過去の仏教研究は、日本においては特に、歴史的方法か、または仏教学的方法かのどちらかであった。教学的方法に立って仏教研究を進めることは、仏教それ自体にとって、きわめて大切なことであり、仏教の真意を究明するという点では貢献するところがあるとしても、一時代の仏教の立体像を捉えようとする場合には、微力にしてしかも偏見におちいりやすい。また、歴史的方法によって仏教を一つの歴史的存在として、これを時間的経過に準じてその一々の事象を羅列的に記述するだけでは仏教という複合文化のもつ有機的な流動性・変易性を究明するには不十分である。なぜならば仏教は文化事象としてそれ自体内部に自己発展性を内包しており、観念的内容が歴史の経過と共に自然に自己発展をする性質を内に含んでいるからである。したがって仏教文化はそれ自体の中に自己発展的原動力を内包して、インド・シナ、日本へと伝播した。ここでは特に日本という特定の文化地盤の上にたって、内的・外的にいかなる機能を果たしてきたかを考察するのを目的とする。仏教を文化事象として研究するためには、仏教が文化要素として日本社会にいかなる位置をしめるだろうかという点を、はっきりさせておかなければならない。

仏教が宗教として人間社会に現存する以上、それは当然社会文化事象としてあらわれ、その時間的系列は、社会が生み出した文化財の形で歴史の上に伝承されている。

仏教という一つの文化型を客観的研究の対象とするためには、それを社会的文化現象として考察し、しかもそれを歴史的経過の上に眺めなければならない。すなわち、仏教は思想的には仏教以前の日本思想と相互に関係しあって、日本人の思惟形態に大きな影響を与えつつ、仏教自体もまたその客観的条件、たとえば、それを受容した人間の性格、風俗・習慣に応じて日本的に変化してきた。一般に宗教は二つの過程を経て展開することが認められる。すなわち、その一つは宗教自体が自発的にその思想内容を変化させて行く過程であり、他は宗教が成り立っている社会の全文化体系の全体的関連の内で漸次に変遷して行く過程である。

原始仏教における現身仏より法身仏への展開、日本仏教における鎌倉仏教の興起などは間接的には外部的・社会条件および歴史的経過の結果であるとはいえ、直接には宗教自体の内部的個人による自発的現象であると見ることが出来る。すなわち、法然・親鸞・日蓮などの宗教的天才が日本仏教の展開に貢献した事実は否定出来ない。

このような人々の宗教的自覚、体験、思索、実践こそ宗教改革の内的な原動力であると見るべきである。要するに宗教がその改革の契機と原動力とを内にもとめる時、そこに宗教の内的展開がみられるのである。

一方、外的条件として宗教は文化全般における一機能として、禅文化の統一体として展開して行くものであり、[1]このような見方で仏教を見るならば、仏教は内的発展のみによって展開して来たなどとは到底考える事が出来ない。仏教が日本において展開して来たところのものは、むしろ日本人の性格・風土など多くの外的条件にかかわるところが多い。

平安末期の社会不安が、法然の浄土教を生んだことは、多くの人によって述べられているとおりである。

厳密な意味で、文化要素はそれ自体として単独に存在し得るものではない。仏教もまたその例外ではない。ところで文化複合としての宗教が他の文化型と接触し、またはほかの社会に伝播されることによっておこる外的発展には、必ず新しい文化型が創造される。これが文化変容における創造過程なのである。

日本仏教における鎌倉仏教の展開は、まさしくここでいわれるところの創造過程であり、一度統合された仏教が再統合される過程であると見ることが出来る。

さて、宗教が変容する二つの過程の内、その内的契機によって自発的に変化する過程においては、必ずといってよい程天才的個人の人格が関係している。

キリスト教・回教・儒教・仏教などの発生に起因するキリスト・マホメット・孔子・釈尊などはいずれも宗教的な天才であり、仏教だけについてみても竜樹・世親・善導・達磨・最澄・空海・法然・親鸞・日蓮・道元など枚挙にいとまがない。

このように、宗教的信仰を基盤とする一個人の人格は、それが傑出したものであればある程、全体社会におよぼす影響はきわめて大きい。なぜならば、宗教的観念は、個人の思想や行動に決定的な作用を及ぼすからである。従って、宗教においてはその思想・行為・礼儀を含めた全体の傾向は、個人の宗教的人格にかかるところが大きい。ゆえに我々が宗教を文化型として論じ、その性格を抽出しようとする時には、どうしても宗教的人格の問題をのぞくわけにはいかない。

天才的人格も、やはり人間である以上は、文化や社会の中に育ち、文化や社会の中に生きる個人である。従って、彼は一人社会から孤立した独創的人格ではありえない。彼が天才であるゆえんは、彼が文化的・社会的人格でありながらもなお特殊な例外的事実が認められるところにある。

一般に人格とは文化人類学では、社会的・文化的人格ともいうべきもので「文化の総合的配置」の中に育成された個人の行動傾向の全体であるといわれている。(2)人間はすでに確立された文化および社会の中に生み落とされ、その流れのままに、ある一定の型に鋳造されるものである。従って、そこでは、個人は、「精々その文化の中に適応して行く人間能力は認めながらも、人間の能動的文化創造力は考えられない」(3)。

このように考えてくれば、宗教的天才の宗教的可能性は新宗教の創造とか新宗の創立というような形にではなく、その文化への適応性の過程において、他の一般人と異なった特異性があったと言うにすぎない結果となる。

鎌倉仏教における宗教的天才の一人であり、浄土真宗の宗祖親鸞について考えてみても、「親鸞におきては、ただ念佛して、彌陀にたすけられまひらすべしと、よきひとのおほせをかむりて信ずるほかに、別の子細なきなり」(4)と言っているのであって、ここには少しも宗教的天才の跡は見られない。彼は他の信者と共に念仏をとなえ、他の信者とともに法然の教えに従っただけである。この点では彼はその時代に生きた人々と同じである。

彼が天才であるゆえんは、信仰の仕方において、その感受性において、その熱意において、その実践において、彼が他人には見られないところの特異性を有していたことである。要するに、宗教的天才性とは質的なものではなくて、程度的なものであるといわなければならない。道元の坐禅も、日蓮のお題目もすべて彼等の成長して来たところの社会・文化を前提としての態度であり、その思想内容もまた既存の思想を前提にして生まれたものである。

彼等の宗教が、既存の仏教に不満を感じて行われたものであるとしても、彼等の説くところは依然として仏教であることにおいて、彼等のプロテストは限定されたものであることを免れ得ない。

すなわち、彼等は仏教的な枠内において、反抗するのであり、その限りにおいて彼等は依然として前時代であり、既存的である。同時にまた仏教徒としての文化的・社会的標準人の枠内にあったのである。ただ彼等が天才であったゆえんは、坐禅を日常的な実践にまで引きあげ、その信仰において、その熱意において、他の人々と異なっていたのであり、坐禅を最高無比の仏道として感受したところに道元の日本曹洞宗開祖としての特異性があるのである。

また、日蓮にしても法華経の題目を宗教的な信仰の対象にまで引きあげ、その宗教的実践において、熱意において、信仰の深さにおいて傑出していたのである。

この意味において、道元や日蓮のみが天才として孤立的に社会に突出していたのではなかった。彼等は一応全部を受容した上で特に自己の能力でもってその一部を強度に感受したのであった。

いずれにしても、仏教各祖師の人格を通じて各宗となり、その後の各宗の宗派展開はそれに属する各個人の人格を通して今日の仏教に至っている。そこで日本仏教の性格とその特異性を明らかにするためには、各宗祖の人格の把握を前提にしなければならない。

ここで思い出されるのが文化人類学でいわれるパーソナリティの類型の類似と言うことであり、リントンの言葉を借りれば「同一の社会に成長した者は人格的に類似する」という仮説である。[5] 鎌倉仏教を展開した宗教的天才も日本社会に生まれ育った日本人である以上、日本人としての性格をひとしくそなえていたとみることが出来る。従って日本人の性格は、人格的な個人差は多分に存するとしても、根源的意味において、いずれも親鸞・道元・日蓮の性格を律するものである。従って、ここでは第一章においてとらえた日本人の性格を手がかりとして、鎌倉時代という時代的背景と社会情勢を考慮に入れて親鸞・道元・日蓮の仏教の宗教的性格をその信・証の面において論究しようと思う。

2　新興仏教前の社会情勢について

古代から中世への変革というのは、保元・平治の乱から始まって、源平の戦乱を経て鎌倉幕府の成立となり、更に京都と鎌倉が長い間の対立を続けて、ついに承久の乱を契機として封建政治というものがほぼ確立の過程に入る時代を言うのである。[6]

そしてこの変革の原動力となったのが奴隷制への農民の進歩であり、この変革を指導した武士階級が、この変革の指導を握る階級であった。

日本の領主＝武士は奴隷から農奴へ成長する農民との対立を基礎として一つの新しい歴史的運動を起こさざるを得ず、中世という新しい歴史的時代を創造することが出来た。

日本において律令制の成立した後、農業生産力が奈良時代・平安時代を通じて確実に上昇してきたことは、歴史の証明するところである。

このことは、七・八世紀頃まで見られた荒野も荘園制が認められる頃になると、しだいに開墾の手がさしのべられ、時代が下るにつれて、ますますこの傾向が顕著となり、中世においてほぼその過程が完了する事実が、この時代の農業生産力の増大を物語るものである。この過程が灌漑技術の進歩、すなわち、山間地では水を蓄えて用水を作るとか、遠い水源から用水路を引いて荒野を灌漑するとかいう技術的進歩を伴ったことは言うまでもない。

また、農業経営の集約化の方面から見ても、古代から見られた田植・苗代・牛馬耕・施肥がやはりこの時代に普及し、一般化している。とくに鎌倉時代には西国において、すでに一般化していたとみられる二毛作は農業生産力の増大を最もよく示すものである。

また、同時に畑作がこの時期に著しく進歩して、麦・大豆・粟・桑などの生産が増加し、土地生産物の多様化と農業生産の分化が急速に促進される過程がみられる。

このような農業生産力の増大が、手工業生産の発達の物質的基礎をなすのは必然であって、加工生産物の領域においても奈良・平安時代から中世を経る時代に、徐々にではあるが確実な発展をなして来たものと思われる。

例えば、古代に微といわれている各地の特殊生産物を中央政府に貢献する制度が、奈良時代にくらべて平安中期頃には著しく発展し、その貢納の品目においても、奈良時代とは比較にならないほど増大していることが、平安中期の延喜式に記してある品目を見るだけでも明らかである。

もちろん延喜式の記載は、そのまま信用出来るものでないとしても、中世の地方的手工業の前提が平安時代において各地に確立されつつあったことは事実である。

このように古代から中世への転換期において、生産力の発達が地方農村社会の内部に徐々に行われたということの中に、この時代の歴史を特質づけるものがひそんでいるのである。

古代社会を崩壊させた真の原因は、この農村社会における生産力の発達にあるといって差支えないであろう。

平安時代も末期に入ると、貴族階級も全体社会から見て、必ずしも強い存在ではなくなった。農村を直接に把握していない、いわゆる不在地主である貴族は、社会から浮きあがった存在であり、農村の内部からたくましくもちあがってくる民衆の成長の前には、おそらく滅びゆかなければならないであろう運命が約束されていた。「すでに九三九（天慶二）年に始まる天慶の乱のような地方の騒乱や都鄙を通じてめずらしくない群盗の横行などの治安の乱れは、貴族的支配体制をゆるがす不吉な前ぶれにほかならなかった。農業生産力の上昇に裏づけられた在地の地主である名主の成長、そのなかからの武士の勃興による封建的社会関係の発生は、客観的には古代社会を内部から崩壊にみちびく要因となるのであるが、貴族たちは早くからそうした歴史的信仰を直観的に感じとらないではすまされなかったのであろう[7]。

彼らは初めのうちは、「その現世の栄華の呪術的保証を密教に求め、次いで浄土教を歓迎し、浄土の荘厳を地上に現世せしめることによって、この世ながらの極楽の幻覚に耽溺したのである[8]」。

一方、仏教はこれら貴族の栄華を満たすための道具としてわずかにその社会的機能を保っていた。すなわち、「佛教は加持祈祷を主とし、富貴利益を増加する方便となったがために、大は朝敵降伏より、祈雨・止雨・天変地異の祈祷・疾病平癒の祈祷等、各種の方面に僧侶は重く用ひられた[9]」。

また、貴族社会の出世主義に影響されて、仏教内部で僧侶の個人的堕落もこの時代の仏教の特徴で、「墨染の形と身をやつし、念珠を手にくるとも、畢竟は人に依せられて、此世を過ごす爲めのはかり事で、或は極位極官を極めて朝廷に参り、三千の宗徒に貴ばれようとするのも、結局名利の二つを離れない[10]」という気持が当時の僧侶社会一般にあったのであろう。彼等は皆出世を望んでいたにもかかわらず、当時の僧侶社会が、一般の社会とかかわりなく、僧侶の出身が良家（三位以上の家）であるかどうかによって、その出世に遅速があった。奈良の興福寺の

維摩会における研學竪義にそのよい例を見ることが出来る。(11)

平安時代も中期をすぎて、前述した如く、地方農村における新しい社会情勢の展開と、社会不安とが、貴族的支配体制が、もはや無力なものである事を貴族に自覚させた。この自覚は、彼等の宗教的態度を変質せしめる結果となり、彼等をして、「陰陽道、宿曜道などの迷信的思想を奉じせしめ、禁忌・方違え・物忌などの消極的な厄除けに汲々とする」不安に満ちた生活に向かわせる結果となった。このことは、貴族達の内に「現世の満足を超えた精神的な救いをもとめる志向をも生み出すきっかけとなった」(12)のである。これに対して農民や地方に生活した下層武士達は、生活の困窮と社会不安の板ばさみにあって、人間の罪業を克服しようとする要求は貴族にもまして熱烈であった。

以上のような貴族の宗教的態度と、農民および武士の宗教的要求と、さらに宗教それ自体の内部的矛盾、信仰の形成化などの内外の要因を総合して新仏教への直接の道を開いたのが保元・平治の乱であった。その結果貴族の権威は地におち、「驕れるもの久しからず」、現世におけるすべての栄華も「春の夜の夢の如し」というこの世の空しさが万人の前につきつけられた。親子が敵・味方に分かれて互いに血を流しあった。その罪業の深さと人間の愚かさとが痛切に人々の胸にきざみこまれた。

保元物語・平治物語・源平盛衰記・平家物語などの戦記物語がその辺の事情を詳しく語っている。それまでの仏教を含めた日本宗教にはこうした民衆の心の不安を救ってくれる福音を含むものはなかった。当時の日本仏教のメッカである天台宗・真言宗の教義・儀礼もこうした民衆の苦悩に対しては無力であった。わずかに、当時盛んであった極楽往生の信仰[13]が人々の心に光明をもたらした。しかし、これとても当時盛んであった観音信仰[14]とともにきわめて形式的儀礼的信仰であって、一般民衆の実践し得るものではなかった。

しかし、人々の極楽往生への要求は、鎌倉時代の新仏教展開において浄土教がその先駆をなした理由ともいえる。このような平安時代の総合的な事情は。宗教史における「宗教発生の原理」、「宗教は人間や社会がある危機とか緊張とかに直面した時に今までの政治・経済・倫理などによって緩和出来ないような不安を解消させるために強く要求されるものである」[15]に一致するものであり、かくて日本仏教は、新しい宗教的天才を得て、既存教団に反対するという形でもって新しく脱皮することとなった。

3 親鸞・道元・日蓮の信証

平安時代末期の日本社会の総合的な条件にこたえて、まず人々の心に光明を与えたのが法然であり、この法然の教えをうけつぎ、これを発展させることによって新しい立場に達したのが親鸞であるとすれば、法然の教説をうち破ろうとつとめながらかえってその影響を受け、法然と同じ立場に帰着したのが日蓮である。

この両者とは別に、当時の日宋交通の結果、大陸との文化の接触によって、新しい日本に伝えられたのが禅である。禅は当時台頭して来たところの武士階級の指導者達によって受容され、その保護を受けることによって隆盛した。

しかし、栄西によって伝えられた禅は、武士階級、しかも特に上層の武士階級をのぞいた一般の日本人の性格に訴えるものが少なかったが故に、武士の、しかも指導者の間で愛好され、武士精神を形成し、五山文学をのこし、その他、建築・絵画・茶道などあらゆる方面にその影響を与えながらも、なお日本人の心に広く光明を与えるものとして広まるだけの適合性を示さなかった。

しかし、同じ栄西の門に学びながらも、さらに求道の足を大陸に伸ばした道元によってもたらされた禅は、のちの時代に大きな教団を形成するまでに成長した。その原因はいろいろあろうと思われるが、やはり道元自身が新時代の宗教的天才としての性格を充分そなえていた点を見逃すわけにはいかない。

彼はあくまで修行者として、徹底した生活を行った典型的な出家人であった。この点においては一般民衆のとうてい近づきがたい、日常的な生活経験を超えた、究極的価値を、直観的に体得した人であった。しかしながら彼は、「出家人の法、国に向って礼拝せず、父母に向って礼拝せず、六親務めず」(16)という立場に立って、時の力に背をむけ、民衆を友として専心に求道者としての道を歩んだ人であった。

彼が宗教的天才であるといわれるゆえんは、彼の仏教に対する絶対帰依の態度である。彼は坐禅弁道の中に仏教を見た。彼にとって、打坐は「悟り」に至る修行ではなかった。打坐そのものが仏法であり、仏法即打坐であった。

このことはさておいて、親鸞・道元・日蓮の説くところが新仏教として特色づけられる一つの理由が、彼等の絶対帰依の態度と、その実践の熱烈さにあったことは多くの人の認めるところである。

それでは、彼等を特色づけるところの「信」ないし「帰依」とはいかなるものであったろうか。そして、またそれらは、はたして鎌倉仏教だけに見られる特色なのだろうか。シナ・インドの仏教には、はたしてそのような「信」がなかったのだろうか。ここでは、これらのことが「証」との関係において問われる。

鎌倉仏教では特に日本人のもつところの、現実にある特定人格に対する帰依の態度が、同時に理想的人格としての仏に対する絶対帰依の態度となってあらわれ、仏に対する信が強調された。従って、親鸞・道元・日蓮はいずれも現実の人格や経文と同時にそれを通じての仏に対する絶対的信仰を実践した人々であった。

この点で、特に注目されるのが親鸞である。親鸞は法然によって強調された信仰の純粋性を受け取る側に立った絶対的・受動的な信仰の道に引き上げた。彼は、「弥陀の誓願不思議にたすけられまひらせて、往生をばとぐるなりと信じて、念佛まふさんとおもひたつこころのあるとき、すなわち攝取不捨の利益にあづけしめたまふなり」、「彌陀の本願には老少善悪のひとをえらばれず、ただ心身を要とするべし」、「彌陀の本願を信ぜんには、他の善も要にあらず、念佛にまさるべき善なきゆへに、悪をおそるべからず、彌陀の本願をさまたぐるほどの悪なきゆへにと」(17)といってただひたすらに信を強調する。

彼ははるばる十余ヶ国をこえて、身命をかえり見ずに彼の思想の本質をたずねてきたところの同朋に対して、「このうえは、念佛をとりて信じたてまつらんとも、またすてんとも、面々の御計り」というきわめて冷たい態度をとり、「念佛して地獄におちたりとも、さらに後悔すべからずさふらう」(18)ときわめて逆説的な、反語法を用いて、徹底した信仰を迷える人の前に身をもって示した。

彼はまた、「善人なおもて往生をとぐ、いわんや悪人をや」(19)といい、「父母教養のためとて、一辺にても念佛もうしたること、いまだ侯わず」(20)といい、唯円の急いで浄土へ往生したいよろこびがおこらない歎きに応えて、「親鸞もこの不審ありつるに」(21)と現実の生への執着をかくそうともしない。生存の事実は苦悩と自己欺満にみちて、それからのがれることが出来ない。そこに彼は、彼以前の人々の見つめることをさけた宿業の深さを発見し、凝視した。

彼は唯円に、「わがいふことを信ずるか」と聞き、唯円が、「さんさふろふ」と答えると、さらに、「わがいはんことたがふまじきか」とかさねて聞いて、唯円に、「つつしんで領まふしてさふらふ」と答えさせておいて、「たとへばひと千人ころしてんや、しからば往生は一定すべし」[22]と唯円の度胆をぬき、「一人も人を殺さぬのは自分の心が善であるからではなくて、殺す宿業がなかったからである」とのべているが、これは彼のきびしい宿業の実感の結果生まれ出た言葉といってよいであろう。

親鸞は客観的な倫理に自分を空しくして生きることだけが、ただ一つの安心のできる生き方であることを生涯をかけて発見して来た。それは自力で得たものではなくて、自然に知らされたものであった。だからこそ、彼にとって、「念佛者は無碍の一道なり」、「心の行者には、天神地祇も敬伏し、魔界外道も障碍することなし。罪報も業報を感ずることあたはず」[23]なのであり。信受して、正しい生き方を守ることであった。

親鸞は浄土教思想の象徴的観念となってきた来迎思想を徹底的に否定した。そして「力なくして」命終るとき生れる浄土、それは影も形もない浄土、真実の世界に帰し得るということだけを信じた。親鸞は来迎の呪術的期待感をしりぞけて、安住できる境地を「正定聚」とし、臨終をまつ呪術的取引の残る生き方を「邪定聚」(十九願)、「不定聚」(二十願)といった。

すべて罪福を信ずる善人は不安の境地である。従って、親鸞は罪福を信ずる人を「疑信の善人」[24]といったが、その「疑」と「信」の論理は彼にとってはいかなるものであったか。それは、言葉をかえれば、それは親鸞には如来の本願は信じられたかということにもなる。もし罪福を信じる人のように、その結果の確実性をもとめ、疑惑をすてる信じ方を信というのなら、彼は本願を信じることはできなかった。むしろ疑う以外になにもなしえないことを発見し、その事実をかくそうとも、偽ろうともしなかった。

「まことにしんぬ。悲しきかな愚禿親鸞、愛欲の広海に沈没し、名利の大山に迷惑して、定聚のかずにいることをよろこばず、真証にちかづくことをたのしまざることを。恥ずべし、痛むべし」[25]、「浄土真宗に帰すれども、真実の心はありがたし、虚仮不実のわが身にて、清浄の心もさらになし」[26]と彼の「信」の実態を暴露した。信じがたく、信じえないことを告白した。

親鸞はそういう信を「一代諸教の信」とはことなった「難中の難」だと理解し、その困難さを、「善知識（よき指導者）にあうことも、おしうることもまたかたし、よくきくこともかたければ、信ずることもなおかたし」[27]といった。ここでいう「かたし」は、いいあらわすことが困難であるという意味と、もう一つ別の意味での困難さとがこもっている。

いいあらわせないという意味での困難は、「信」の倫理が弁証法的だからである。「信」は、いつもその矛盾概念である「疑」の中にある。疑と信とはいつでも一つのものの表裏として共存している。親鸞の発想は、この矛盾するものの緊張した関係と、ダイナミックにつかむところから生まれてくる。

「罪障功徳の体となる。氷と水のごとくにて、氷多きに水多し、さわり多き徳多し」[28]、「罪業もとよりかたちなし、妄想顛倒のなせるなり、心性もとよりきよけれど、この世はまことのひとぞなき」[29]。

もう一つの困難さは、その信が自分の中からではなく、まったく断絶した絶対者から来るとうけとるところから生まれてくる。彼は、『教行信証』に弥陀の本願をあらわす願文（第十八願）をひいて、「至心廻向願生彼国即得往生」の原文に対して、「至心に廻向したまえり」[30]というよみ方を明記した。ここに表される親鸞の立場は、あらゆる宗教的実践が「人間の側から仏へ」向けられるものであるという考えを根底からくつがえしたのである。困難だが信じられないはずがないという信の難しさではなく、信じられないから、与えられるほかはないという信の超越性を理解したのである。真実を知ることは、真実そのものが我々に向かってよびかけることである。

「如来の作願（弥陀が四十八願をたてたこと）をたずぬれば、苦悩の有情（人間）をすてずして、廻向を首としたまいて大悲心をば成就せり」[31]。このように弥陀の第十八願をとり出して信を強調する親鸞の仏教は著しく日本的なのであって、三十一願の浄土教徒の見解とは、その見方が全く異なっている。シナでは四十八願がみなすべて一々真実であるとする。[32]

また、仏教一般においては、「信」が確立してのちに「行」がおこなわれるのであるが、親鸞にあっては「信」がそのまま「行」なのであった。

また、親鸞の「証」についての特質は『大経』の十一願文の内の「正定聚不退願」を、第十八願に引き上げ、第十一願は「必至滅度」「証大涅槃」のみにしてしまったところにあることは、すでに我々の先達によって指摘されて来たところである。

すなわち、『教行信証』「方便化身土巻」において語られる親鸞の宗教体験の反省、および回顧は古今に稀な宗教的人格をそなえた親鸞にして得られた独自な体験の自覚なのであり、それは、三願転入ということで特色づけられる。「三願転入」とは「方便化身土巻」に述べられる。「ここをもて愚禿釋の鸞。論主の解義をあぶぎ、宗師の勸化によりて、ひさしく萬行諸善の假門をいでて、ながく雙樹林下の往生をはなる。善本徳本の眞門に廻入して、ひとへに難思往生の心をおこしき。しかるにいまことに方便の眞門をいでて、選擇の願海に轉入せり。すみやかに難思往生の心をはなれて、難思議往生をつげんとおもふ。果逐のちかひまことにゆへあるかな。ここにひさしく願海にいりて、ふかく佛恩をしれり」(33)という一節を指すのであるが、これは親鸞の体験の回願であると共に、彼の宗教的思索を開示する重要な部分でもある。

その意味するところを簡単にたどれば、万行諸善の假門、雙樹林下の往生とは、阿弥陀仏の四十八願のなか第十九願「たとひわれ佛をえたらんに、十方の衆生、菩提心をおこし、もろもろの功徳を修し、心をいたし発願してわがくにに生ぜんとおもはん。壽終のときにのぞんで、たとひ大衆と圍繞して、そのひとのまへに現ぜずといはば正覺をとらじ」(34)に対応する邪定聚の機、すなわち、定善・散善(35)を修しその功徳をもって往生を願うものの立場である。この第十九願の立場が、その中に不安・動揺をつつむものでありながら、しかも立場として簡潔して成立しているところに、そこから次の段階である第二十願の立場への移行が転入と見なされる。

親鸞にあっては、この転入がやはりある意味での宗教的決断としてなされたことは、多くの点から認められる。(36)

自己を「既に戒定慧の三学の器に非ず」[37]とする自力修繕への絶望と、自己の根底にかかる罪障の自覚を跳躍板としての、他力念佛への決断がなされることによって、宗教的精神は、第十九願の立場を脱して善本徳本[38]の眞門難思往生の立場へ至る。すなわち、第二十願「たとひわれ佛をえたらんに、十方の衆生、わが名號をききて念をわがくににかけて、もろもろの徳本をうへて、心をいたし、廻向してわがくにに生ぜんとおもはん。果逐せずといはば正覺をとらじ」の立場である。この願に対応する不定聚の機とは、すべての餘行を棄てて他力念仏を専修するということによって往生を願う者をいうのである。しかし、凡夫往生の唯一の道として出あわされた他力念仏を専修するという、そのことにこそ外ならぬ。

「本願の嘉號を己の善根とする」[39]。自己執心が断ぜられ、清浄な阿弥陀仏の願心より回施された真実信楽が開発される第十八願、「たとひわれ佛をえたらんに、十方衆生、心をいたし信楽してわがくににうまれんとおもふて、乃至十せん。もしうまれずば正覚をとらじ。ただし五逆と誹謗正法とをばのぞく」の立場こそ、真の他力の世界であり、その涅槃の真因である信楽を獲得した者が、正定聚の機とせられた。

親鸞は不退位をこの世に生きている間に「信楽」を獲得したものの「証」として説きその徳行によって「往生即成仏」が得られると信じた。

一方、道元もまた親鸞と同様に「信」の意義を強調した。

「佛道を修行する者は先づ須らく佛道を信ずべし。佛教を信ずる者は須らく自己をもと道中に在って迷惑せず、顛倒せず、増減なく誤謬なきことを信ずべし、是くの如きの信を生じ、是くの如きの道を明らめて依ってこれを行ず、乃ち学道の基本なり」[40]。だから信仰が無いものは、仏道修行をまっとうすることはむづかしい。

「不信の人はたとえ教うとも、うくべきことがたし」[41]。道元の仏教は、自力の修行で「証」を得るというよりは、他力といった方がよいように思われる。

「ただわが身をも心をも、はなちわすれて佛のかたよりおこなはれて、これにしたがひもてゆくとき、ちからをもいれず、こころをもついやさずして、生死をはなれ、佛となる」[42]。この点で道元は親鸞と一脈通ずるところがある。しかし、同じ信でも、親鸞の信は自己と絶対者との対立の中に、絶対者の中に投げ入れて、自己のはからひを無にしたところに二人の信仰の差異を見ることが出来る。いずれにしても道元の仏法は信をもって始まる。だからこそ彼は、

「ただ正信の大機のみよくいることをうるなり」[43]といい、

「淨信一現するとき自他おなじく轉ぜらるるなり」[44]といい、

「身心これ不汚染なれども、淨身の法あり淨心の法あり」[45]といい、

「無福のともがら尊宗の信心あつからず。あはれむべし、それ事の軽重をかっていまだしらざるによりてなり」[46]といい、

「ただし正信のたすくるところ、まどひをはなるるみちあり」[47]といい、

「佛法大海、信為能入なり、およそ信現成のところは、佛祖現成のところなり」[48]といい、

「心頭眼ありて見佛す」[49]といい、

「佛の言く不信の人は猶破瓶のごとしと、然あれば則ち佛法を信ぜざるの衆生は、更に佛法の器たるべからず」[50]とものべて信即行、行即証の倫理のもとに、絶対帰依の佛法を実戦した。

この辺に道元の禅の特異性があるのではないだろうか。前述したごとく道元の説く「信」は他に向かって絶対帰依の姿を示す。心の清浄は、「自己のはからいを、放ちもて行く」ときに獲得されるものであり、そこに道元のいう「誠の信」があるのである。彼の信は、信ずることによって何ものかを得るという功利的な信ではなく、信ずることそれ自体に絶対の価値を認め、これを只管打坐の上にあらわすことにあった。道元にとって只管打坐は行であり、証であった。

すなわち、「それ修証はひとつにあらずともおもへる、すなはち外道の見なり。佛法には修証これ一等なり」、「すでに修の証なれば証にきはなく、証の修なれば修にはじめなし」[51]と語られているところに、道元の悟りがあり学道修行の根本があった。

要するに親鸞の悟りは彼土の「証り」であり、道元の悟りは現世の「証」であると言うことが出来るが、しかし、道元における「現在」は未来を含む現在であり、親鸞における「彼土」は現在を含む彼土であった。従って親鸞における「必至滅土」は彼土における証の願いであるけれども、ここに言う証は、あくまでもこの世でこの身のままに「不退往生」をとげたものの彼土における証なのであり、現在を含む彼土の証であった。

親鸞の「信証」は、現生不退が信仰によって得られることを説いたものであり、このような親鸞の現生不退の思想は道元の「修証不二」の立場と共通する。

親鸞のいう「現生不退」がこの世における一つの「悟り」であるとするならば、道元のいう「修証不二」もまた同一線上の「悟り」である。

いいかえれば、修証不二の道元の立場、不退位にある菩薩（親鸞）の立場であると言ってもよい。ただ道元が修証不二をもって、最後の立場としている点に両者の差異を見る。

いずれにしても、親鸞が「現生不退」を説いて「信仰」の中にすべての仏法を見、道元が「修証一如」を説いて「打坐」の内に仏法のすべてを見た点は、印度・中国の仏法には見られなかった日本人独特の単純化であり、その実践の方法において、その信仰の熱烈さにおいて、その絶対帰依の態度において、それまでの日本仏教史上まれに見る純化であった。

ここに鎌倉仏教が仏法を真に日本人のものとして、再統合することに成功したといわれる所以を見ることが出来る。

一方、日蓮もまた「信」を強調した点では同じ時代に時を同じくして出た宗教的天才として、その例外ではなかった。

彼は、「佛、戒定の二法を制止して、一向に慧の一分に限る。慧又堪へざれば、信を以て慧に代ふ。信の一次を詮となす。不信は一闡提謗法の因、信は慧の因、苗字即の位なり」[52]とのべて、人が救われるためには、必ずしも哲学的理解を必要とせず、堅固な信仰さえあればよいとしている。

彼はまた、「上根上機は観念観法も然るべし。下根下機は唯信心肝要なり」[53]といい、「有解無信とて法門をば解て信心あるものは成佛すべし」[54]といい、とくに彼が、「佛法の根本は信をもって源とす」[55]というに至っては、彼が説くところは全く親鸞・道元と同様に、信仰を実践する仏法であったことがわかる。

日蓮において新しいものは最勝第一の経典である「法華経」に対した時の彼の態度であった。日蓮の法華経に対する態度は天台大師においても伝教においても見ることが出来なかった。それは法華経を信じ徹するということである。彼は一身を投げ出してこの経と対決した。「法華経の行者」という言葉がもっとも端的に表現しているところのものはこの経を実戦するところの宗教的な熱烈さである。

彼はその宗教的実践を唱題という形で行じた。彼の証はこの唱題実践の中にあった。すなわち、「問て言く、法華経の心をもしらずして、ただ南無妙法蓮華経とばかり五字七字にかぎりて、一日一返、一月乃至一年、十年、一期生之間に、ただ一返なんど唱ても、軽重の悪にひかれずして、四悪趣におもむかず、ついに不退の位にいたるべしや、答て言く、しかるべきなり」[56]と説いて、「南無妙法蓮華経」と高唱する法華経の心要にいたるものであるとしている。

経の心要に至るとは不退位を得ることであり、親鸞の現世不退と相通ずるものである。しかも、日蓮にとってこの不退位を得る道は、法華経を最勝第一の経と信じて、唱題に専修することであった。このような形における仏教の単純化は印度・シナには見られないことであり、日本人にしてなしえられた、仏法帰依の特異の型と言えよう。

かくて、情的にして、実践的である日本人としての性格の枠に規定せられ、成長したこれら三人の宗教的天才は、仏教の難解な経理を克服して、きわめて大胆な単純化を行った。また、彼らの性格のそこにひそむ特殊な人倫関係の尊重の態度が、彼らをして「信仰」という形で自己を投げ出して、特定の仏に、あるいは特殊な現実の師に、あるいは一つの経に帰依するという型の宗教的実践となった。また、現実の社会的不安と生活の困窮にあえぐ、無知にして無力な民衆の要求に応えて、きわめて簡明にして易行の行を教え、日常生活の中に仏教的な「証り」があることを身をもって示した。

これは実にすばらしい、宗教の純粋化であり、みごとな文化の変容であり、典型的な統合の過程であるともいえる。

《第１章・注》

（１）E.Meier, "Elemente Der Anthropolgie,"
（２）杉浦健一『人類学』三〇二頁
（３）築島謙三「文化の超有機体に対する心理学研究」『民俗学研究』一五の一　四二頁
（４）『歎異鈔』第二條
（５）リントン『文化人類学入門』清水幾太郎・犬養康彦訳　一八一頁

(6)歴史研究会編『日本文化史』四五〜四六頁
(7)家永三郎『日本文化史』岩波書店　八六頁
(8)家永三郎『日本宗教史講座』第二巻　三一書房　七九頁
(9)辻善之助『日本仏教史』第一、上世編　七六六頁
(10)『撰集抄』巻一、増賀上人の事
(11)辻善之助　前掲書　七六九頁
(12)家永三郎『日本文化史』八〇頁
(13)辻善之助　前掲書　六一八〜六二〇頁
(14)右掲書　六一三頁
(15)堀一郎『日本仏教史』三六年度国学院講義
(16)『正法眼蔵』出家の巻
(17)『歎異鈔』第一条
(18)同書　第二條
(19)同書　第三條
(20)同書　第五條
(21)同書　第九條
(22)同書　第十二條
(23)同書　第八條
(24)『教行信証』信の巻
(25)同書　信の巻

(26)『正像末和讃』
(27)『浄土和讃』
(28)『高僧和讃』
(29)『悲歎述懐和讃』
(30)「信心歓喜之一念、至心廻向、願生彼国、即得往生、住不退轉」
(31)『正像末和讃』
(32)『日蓮佛教研究会年報』第一年　九頁
(33)『教行信証』化身土巻
(34)同書　化身土巻
(35)定善・散善は三福・九品と共に『觀經』の所説である。定善とは観法によって得る善。散善とは三福（世福・戒福・行福）を修すること。いずれも自力の善を行ずることである。
(36)この親鸞の転入がいかに為されたか。また、その時期がいつであったかは様々の理解があるが、ここでは吉水入室時と考えたり。山辺・赤沼著『教行信証講義』一四〇四頁参照
(37)『眞宗聖教全書』四・拾遺部上所収、『黒谷上人語燈録』巻第十五　六七九頁参照
(38)『教行信証』岩波文庫　三五三頁
(39)同書　三六九頁
(40)『正法眼蔵』身心学道
(41)同書　佛教
(42)同書
(43)同書　弁道話

(44)同書　谿声山色
(45)同書　洗浄
(46)同書　大修行
(47)同書　弁道話
(48)同書　三七品菩提法
(49)同書　見佛
(50)同書　永平知事清規
(51)道元十九問答
(52)四信五品抄
(53)持妙法華問答鈔
(54)新池御書
(55)日女御前御返事
(56)法華経題目鈔

第2章　中世的自覚について—道元禅師の信に触れて—

1　平安末期の仏教

ここで中世というのは、時代的には平安の末から鎌倉にかけての三百年間、具体的には十一世紀から十三世紀を指している。つまりここでは古代社会が解体して新しい武士社会が誕生してくる時期をとらえ、この時代のひとびとが要求し、社会が必要としていたものは何であったかを再検討することによって、新しい時代に何をもたらしたかを考えてみたい。

古代社会が解体して中世封建社会が成立してくる。それは社会変動という言葉で受けとめることが出来る。社会変動は社会変化と異なって突然起こるものではなく、長いプロセスを経て起こるものである。それは人々の価値志向（valueorientation）が変化して「望ましいもの」へ近づこうとする動機（comitment）が移動することである。この社会変動のプロセスの中で価値思考を形成する原動力となったのが仏教である。[1]

平安時代の仏教は、天台・真言を代表とする密教が主役であった。弘法大師によって説かれた密教は高い宗教性をもったものであることは事実であるとしても、少なくとも平安中期ごろから末にかけての密教は、加持祈祷を全面に押し出した呪術的なものであった。特に一般民衆には密教儀礼が悪霊ないしは怨霊を除く手段として受けとられていた。[2] ひとびとは仏教を深いところで理解したのではなく、それぞれ漠然とした「はかなさ」、「運命」といったもので理解した。ひとびとは仏教を業にしばられ、引き廻されているという人生の否定面を知らしめるものとして受けとめ、そこから逃がれる手段を仏教に求めた。[3] 特に貴族はその権力と財力を用いて仏教に接近した。そのために仏教内部が極度に世俗化し、僧侶は世俗の名利に左右され、世俗の権力に通じたもののみが出世の機会を与えられるという状況にあった。僧侶の地位が宗教的体験の深さや、学問の深さによってきまるのではなく、世俗の術に長け、権力に近づいた者のみによって独占されるようになると、オーディ（Thomas F.O'Dea）が象徴の客観化[4]と呼び、エリアーデ（Mircea Eliade）が「幼児化の過程」[5]と呼んだ現象が生まれる。すなわち宗教の儀礼や祈りが「聖なるもの対象物の代用」、あるいは「聖なるものとの関係をつくりあげる手段」となるようなことが起こると、宗教は呪術的となる。ヤスパース（Karl Jaspers）も、この種の呪術について、それがいつでも起こりうる倒錯であって、そのなかで象徴の実態が目的達成のための、手段としての技術になっていくと述べている。[6]

このような散漫な象徴主義の幼稚性の例として平安時代の仏教をとりあげることが出来る。比叡山と高野山を中心とした密教色の強い仏教は、宗教学的にはあきらかにマジコ・レリシャス（magico-riligious）という性格をもっていた。この場合、呪術（magico）とは神仏の力を自分のために利用することであり、宗教（religious）とは神仏に自分をささげることである。当時の仏教者は神仏の力で悪霊を鎮めるために加持祈祷を行ったのであり、祈祷によって病気が平癒し、災害から逃れるようなことがある時は、人々は霊験あらたかな仏として受けとった。このような加持祈祷の仏教が起こる地盤はすでに平安初期から有力であった神仏習合思潮にあったと思われるが、いずれにしても当時一般の人々が受けとめた仏教は現世利益的なものであった。(7)

人生の否定面を克服するために人々は加持祈祷の宗教を求めた。しかし呪術的な加持祈祷は一時的な慰めとはなっても、絶対の救いとはならない。人々の心にはどうしても解決されない部分が根本的にのこり、それが深い不安となってあらわれる。平安時代には夢のような芸術や美術が生まれたが、それはこの深い不安の上に人生への執着ともいえるような現世肯定の一つの表現であったとみることができる。人々は世俗の享楽や利益の追求に奔走して、刹那的な日々を送った。

人生への夢のなさ、悲哀を表現した「もののあわれの文学」、はかなさ、運命といったものを表現した「戦記物語」、また悲哀をこめた人生の愛着を表現した「わび、さびの芸術」などは世相をもっともよく反映したものとみることができる。

2　社会変化と宗教的天才の出現

一方、社会構造からいえば、十二世紀は秩序の担い手であった天皇、貴族、それに武士が加わって、保元・平治の乱で代表されるような自滅的様相を呈した時代であった。社会秩序は全く混乱し、正直者が馬鹿をみるという状態となった。力ある者はそれぞれに自衛し、力のない者は、課役に絶えかねて公民であることを捨てて、荘園に逃れたり、法師の姿となって戸籍から抜け出して、自ら賤民階級に入って身の安逸をはかることが多かった。多くの人々がそれぞれの体制から離れてアウト・サイダーとなり、[8]乞食や盗賊になる者、寺院や地方豪族の荘園を守る用心棒となる者、遊女や浮かれ女となる者などの集団が形成され、そういう人々の中から次第に武士といわれる特殊な集団が生まれ、猿楽や能楽といった新しい芸能集団が形成され、人々の悩みや不安を敏感に自分の心に受けとめ、時代の要求しているものをそのまま自分の問題として、命をそれにかけた秀れた宗教的天才が仏教内部に現れ、そういう人々がつぎつぎに体制を離れて、山を下り、アウト・サイダーとなって、新しい宗教集団の生まれる起因を作った。

このようにして生まれてきた新しい集団は、いずれもアウト・サイダーとして、古い価値と法を捨てた人々であり、彼らはそれぞれに新しい秩序と価値の形成に機能した。鎌倉時代に生まれた新興宗教は社会がアノミー[9]の状態にあり、支配的権力が崩壊の危機にある場合に、いままで権威づけられていた旧仏教が、その基礎の動揺によって象徴体形が断片化し、スーパーサインとして内部の成員を外的行動へかりたてる状況において、フロイトの死の本能より生の本能への転換、攻撃性への昇華という意義をもったところの集団行動より生まれたものである。

社会革命だけではなく、社会変動は宗教や芸術に大きな影響を与える。というよりも新しい芸術ないしは宗教行動が、社会変動と同時に発生して、古い状況から新しい状況への適応的創造へ向かう。このようにして古い中心的価値体系が動揺し、変化し、解体して、新しい中心的価値体系が成立する。いいかえれば社会変動の場合には一般に文化のパターンを決定するような、あるいは文化の構成要素のパターンを決定するような、新しい、創造的な個人または集団の行動のパターンが考えられる。

たとえば浄土教が生まれる以前に、すでに在家の往生信仰者の集団があり、「往生極楽は心身にあるべし、かならずしも出家によるべからず」として、念仏に専一するものが、上は大臣から下は一般庶民、盗賊に至るまで、社会の幅広い面にわたって、一つのムードが出来上がっていた。したがって当時は往生の道心を発したものが、かえって山を離れ、聖となり、乞食姿となって遊行した。念仏踊りも同様な状況から発生したらしく、一所不住の徒が同朋、同行して流動する信者の集団となり、最下層の庶民や旅人をも混入して念仏踊りをした。法然や親鸞はこういうムードの中にあって、時代が生んだ天才であった。人々は念仏を唱えながらも、もう一歩進めて絶対の救いとなるよりところが欲しかった。社会がそれを求めていたともいえる。

そういう時代の要請を自分の使命として、自分の命をそれへと投げ出すことによって、絶対の救いの証となったのが法然であり親鸞であった。

また法華信仰の場合も同様であって、野や山に法華経一巻をたずさえて放浪する在家の信仰者の群が平安時代にすでに存在したのであって、彼らの行動はやはり一つの社会的なムードを作りあげて、社会のあらゆる階層にまで広がっていた。日蓮はそういう雰囲気の中に生まれた宗教的天才であった。

この場合、天才とは全く独創的に新しいものを生み出す能力をいうのではなく、これまで一般の人には無関係とされていた事物を関係づける能力をいう。(10) 法然についていえば、念仏と観経とを結び付け、更に念仏即仏教という特殊な関係を発見して、偏にそれへと命を投げかけた点、日蓮は同様な公式によって偏に法華経へと命をあずけた一生を送った点に非凡な宗教家であったことを知ることができる。

道元もまた「坐禅即正伝の仏法」の関係を発見して、そのことに心身を投げ入れた点においては同時代に生まれた宗教的天才ということができる。以下は道元の自覚と宗教を中心に、中世的自覚の内容をさぐってみよう。

3　中世的自覚とその特徴

鎌倉時代に興起した仏教はいずれも国内的事情を最もよくみつめた上で、現実の生活と真の仏法との間に大きなギャップができ、分裂のあることを自覚したところから発した宗教であるとみるべきであり、同時代に前後してあらわれた宗教的エリートはいずれも共通の中世的特徴を背負った人々であったという事ができる。

中世的特徴とは、①「偏」とか「唯」で表現される人間の生き方であり、法然が「偏依善導」といい、日蓮が「偏に法華経による」といった生き方である。道元は「一事をことゝせざれば、一智に達することなし」（弁道話）とか「古人の行履に随つて、只管打坐すべきなり」（随聞記）といって唯ひとすじに坐禅に生きたこと。②は命をすてて初心にあたる生き方、「……設ひ発病して死すとも、猶只是れを修すべし……」（随聞記）。③は永遠のものを見つめる心であり、いつも彼岸の世界とかかわりをもって生きている態度である。中世の人々はこの自分と彼岸のかかわりを「不思議」といった。親鸞は「弥陀の誓願不思議にたすけまいらせて」（歎異抄）といい、道元は「おほよそ諸仏の境界は不思議なり、心識のおよぶべきにあらず」（弁道語）とのべている。④は社会の動きを切実な自分の問題として受けとめている点にある。そこに現実と仏法との再結合の宗教がうち出される。道元の自覚はそれがたとえ中国式の作法の中に見出されたものであったとしても、道元の宗教活動にあらわれた自覚の内容は、道元が日本社会の現実のありさまに対していだいた深い疑問の上に生まれたものであることはまちがいない。

そういう意味で道元は時代の必要とした人物であり、創造的な構想力をもった人であった。拒絶の精神を身につけ、具象的に物事をとらえようとする態度をもった人であった。表面的にはおとなしい顔をしていて、てこでも動かない決然たるところがあり、社会に対しては常に批判的精神をもった人であった。自分こそ正伝の仏法をこの日本に招来するものであるという自覚にたって、主体的な仏教のつかみ方をした人であった。こうした道元の人間としての特徴は不思議と中世の傑出した人々が共通してもっていたものであった。

道元の自覚の第一歩は彼が八歳の時、母を失ったことによる孤独な寂しさと空虚な悲哀感を伴った「はかなさ」であったと思われる。道元は前述した時代の思潮に反映されて、仏教の無常観を自分の身にふりかかった深刻な体験として味わった。この最初の自覚は道元の宗教の中核をなし、無常なるが故に今をいっぱいに生きることを強調した。(11)

道元の第二の自覚は出家得度をして比叡山に登り、そこで生活した時であろう。真に宗教的解決を求めて出家したものにとって、旧仏教はあまりにも形式的であり、その都度的（magico religious）であり、神頼み的であった。道元はこの時、困った時も困らない時も一貫して、もっと本質的に「無常」とか「業」というものを含んでいるような、そういう現実の生活を超えたところに真の仏法があるのではないかという疑問を抱いて山をおりた。彼が後に正伝の仏法といったところのものこそ、彼の真の自覚であった。

彼の心は自他の仏法による救済ということと、真の仏法をこの日本に広めることでいっぱいであった。彼は中国において「コレダッ!!」というものを発見した。それは真に長い間道元の心の中で熟していたものであった。

4　道元の批判的精神とそれを支える「信」の宗教

道元禅の根本はこうした自覚の上に生まれたものであったが故に、道元は社会に対して積極的に発言し、批判した。すなわち彼は当時の歴史観として一般的であった、正・像・末の三時の思想を否定して、[12] 徹底した現実主義の立場をとり、現実の生命、および「時」が貴重であることを強調し、一日の生活の慎重な工夫を力説した。[13]

念仏読経に対して、「口声をひまなくせる春の田のかえるの昼夜になくがごとし、ついに又益なし」、「ただ舌を動かし、声をあげるを仏事高徳とおもえる、いとはかなし」（弁道話）とまで述べてこれを批判している。

また世俗的勢力・権力への屈従に対しては、「ふかく名利にまどわさるやから、これらのことをすてがたし」、「この国の出家人は大国の在家人にもおとれり、挙世おろかにして心量狭なり。ふかく有為の功を執して、事相の善をこのむ」（弁道話）とのべて、仏教界の俗化、世俗的権力への屈従による宗教的第一義の忘却、有為の果報を期待する現世利益的信仰を強く批判した。そうして宗教的純一性、思想的純粋性を守って、「不用昇降礼拝念仏修懺看経祇管打坐而已」（宝慶記）を忠実に実践した。彼は坐禅の他に一切証入の道がないことを力説した、そしてこの徹底した実践の裏づけとなったのは、「ただわが身をも心をも、はなちわすれて、仏のいへになげいれ……」たことであり、それが禅の宗教性であり、道元の「信」であった。こういう正信の大機であったればこそ、「仏のかたより、おこなわれて、これにしたがひもてゆく」ことが出来たのであり、そういうひたむきな生き方の中で、「ちからをもいれず、こころをもついやさずして、生死をはなれ、仏となる」こと、「心身脱落」することが出来たと考えられる。すなわち道元禅の根底をなすものは「正信」に支えられた只管打坐である。現今「信」もなく「坐」も修しない道元門下の多い事は憂うべき現象といえよう。

《第2章・注》

（1）価値の理論については「価値と行動」『今日の社会心理学』5（培風館）参照。ここでは文化と行動、さらには文化と社会（行動の相互交換としての）との関連を一貫的に追求するために、文化の共通部分としての価値に焦点を合わせて詳しい理論を展開している。

（2）辻善之助『日本仏教史』中世編

（3）高坂正顕・西谷啓治「日本的なるものその系譜と構造」『現代のエスプリ』第三九号所収。

（4）Thomasu F. O'Der, "The Sociology of Religion" p.95
（5）Mircea Eliade, "Pattera in Comparative Religion" trans, by Rosemary sheed（New York, 1958）, p.444
（6）Karl Jaspers, "Freedom and Authority," Diogenes（Winter 1953）, 1:33
（7）この時代の仏教の実状を知る資料は辻善之助著、前掲書に詳しいが、高坂・西谷稿、前掲論文は思想史的によく平安仏教の特徴をとらえている。
（8）アウト・サイダーについての参考となるものにC. Wilson "The Outsider" 1957. 福田恒存・中村保男訳『アウトサイダー』紀伊國屋書店・一九六一年。なお現代日本の社会とアウトサイダーについては、出水宏一訳『一億人のアウトサイダー』東洋経済新報社・一九七〇年がおもしろい。
（9）アノミーについては拙稿「モーレスとアノミー」〈駒澤大学宗教学論集〉二号所収。
（10）P. Smith, "Difinition of the Conference," in P. Smith（ed）, Creativity : On Examination of the Creative Process, 1959.
（11）竹内道雄『道元』吉川弘文館・二一五頁は資料にもとづいて道元の最初の自覚をよく指摘している。
（12）『随聞記』四。『弁道話』。衛藤即応「正法眼蔵講義」〈曹洞宗学講座〉所収。
（13）「行持」の巻。

第3章　社会の変化とともに仏教はどのように変化したか

─日本仏教再興の窓─

〈奈良時代〉

西暦五五五年に仏教が日本に伝わって以後、聖徳太子が出世され、仏教と日本民族の精神との融合が行われた。仏教は聖徳太子の努力によって早く日本文化に消化された。聖徳太子は日本建国の理想を仏教の教義に習い、大化の改新によって実現した。この理想は聖武天皇によってさらに強調され、仏教によって中央と地方統治の連絡が図られ、中央集権の実が大いに挙がって国政が大いに発展した。

〈平安時代〉

平安時代になって仏教はますます日本化して、いわゆる日本仏教と呼ばれる仏教が誕生した。それとともに本地垂迹思想によって、仏教と日本古来の宗教（神道）との調和も図られ、祖先崇拝との融合も時とともに進み、仏教がまったく日本人の日常生活の中に溶け込んでしまった。特に浄土教は民衆の生活に深く融合していることがみとめられる。

しかしその一方で、平安時代の仏教は、密教全盛の影響を受けて、形式化の一途をたどった。

〈鎌倉時代〉

こうして仏教は著しく世俗化した。平安時代の末になると仏教内部から改革の機運が熟して、鎌倉時代に入るや仏教僧侶の間に深く仏教精神に目覚めた優れた僧侶が次々と現れて民衆の精神生活をリードした。これによって、形式よりはなれて実際的となり、貴族より脱して民衆的となった。また武士道を培養し国家意識を高揚せしめ、民衆文化の発達を促した。総じて奈良時代、平安時代、鎌倉時代を通して仏教は日本人の精神生活にもまた物質生活にも大きな影響を与えた。思想界においてはいうまでもない。言語においても、今日われわれが使っている言葉の中で、仏教に語源を有する言葉が沢山ある。また、仮名文字（ひらがな、カタカナ）の発明も仏教から生まれたものである。印刷技術も仏教に伴って発達した。教育もまた中世では寺院僧侶の手に委ねられていた。医学や暦学なども仏教の背景の下に発達している。芸術においては絵画、彫刻をはじめとして建築、音楽のいずれも仏教の畑で育ったものである。このほか衣食住の生活、礼式、茶の湯、活け花、その他さまざまな風俗、習慣いずれも仏教の影響を受けないものは無い。また社会事業、一般救済慈善事業などは江戸時代以前においては専ら寺院僧侶の手によって行われていた。

日本が仏教国であるゆえんは、仏教が国家をあげて信仰され、日本社会の文化的な発展と維持に大きな役割を果たしてきたからである。特にその中心に天皇を頂点とする皇族や貴族階級があり、日本仏教は時代を超えた彼らの篤い信仰によって支えられてきた。その信仰のあり方は『古事記』や『日本書紀』に記録されているとおりである。用明天皇、推古天皇、聖徳太子以来、歴代の天皇や上皇によって受け継がれた。聖武天皇は天平十三年（七四一）には国分寺建立の詔を出し、天平十五年には東大寺大仏の建立の勅を出している。さらにその後を継いだ孝謙天皇は自らを「三宝の奴」と称するほど仏教に帰依していた。

〈江戸時代の仏教〉

江戸時代になって、幕府がキリスト教禁制の手段として仏教を利用し、檀家制度を定めるに及んで、仏教はまったく形式化した。幕府の宗教政策として日本国内のすべての家々は必ず仏壇を祀り、いずれかの寺に登録してその檀家にならなければならないとして、すべての家が仏教徒にさせられた。

寺の住職は檀家の戸籍を取扱い、出産や死亡、結婚や養子縁組、出稼ぎ奉公や長期の旅など、すべての人口移動を届けさせていた。また葬式や法事もすべて仏式で行わせ、その他お盆には棚経と称して、一軒一軒檀家の家を周り、宗門改めをする目付けの役も僧侶に課せられていた。しかし、このようにして幕府に優遇され保護されていた仏教は、長い間にはそれに慣れ奢って、僧侶の中には信仰も無く、修行や学問もせず、民衆を教化する活動もせず、宗教家としての任務を怠るものが続出した。

かくて仏教は形式化し、民衆を教化指導するという仏教本来の宗教活動も行われなくなってしまった。これとともに本末制度と階級制度とによって、寺院僧侶の格式は固定し、僧侶はますます貴族的になり、民心は仏教を離れ、廃仏論がすさまじく起こった。仏教はほとんど麻痺状態に陥り、寺院僧侶は惰性によって、かろうじて社会上の地位を保ったに過ぎなかった。

〈明治時代の仏教〉

江戸時代までは天皇は深く仏教に帰依し、日本仏教文化を護持してきたが、明治維新という政治イデオロギーは行政的手腕によって天皇と仏教の関係を引き離す大鉈が振るわれた。

明治新政府は明治元年に祭政一致による王政復古の象徴として、神祇官再興を布告して仏教弾圧の火蓋を切った。明治天皇は議会制を興すために五箇条の御誓文を宣布し、特に神仏判然令によって神仏混淆を禁止した。この神仏判然令は、地方役人や国粋者には仏教排撃と受け止められ、全国各地の神社では一般民衆も巻き込んだ形で寺や仏像が破壊され、僧侶が還俗させられるなど、廃仏毀釈の運動として全国に旋風を巻き起こした。

〈廃仏毀釈〉

この廃仏毀釈運動は明治政府によって奨励されたため、寺院の土地財産は没収され、宝物や仏像は破壊され焼き捨てられ、僧侶は還俗させられ、多くの寺が打ち壊された。もともと道心を持って出家したのではく、単に生活のために僧侶になった者、形ばかり頭を剃った僧侶、先祖以来の習慣によって僧籍に入った者などは喜んで還俗し、世俗世界に入った。この時僧侶として残った者は、真に自覚を持って道を求めている少数の者か、寺院以外では生活することができない無能力者かであった。こうした状況の中から僧侶の目が覚めて、仏教復興の気運がようやく熟し、明治二十年ころから仏教はやや息を吹き返したかのごとくに見えたが、仏教界は今日もなお、二百余年前の姿をそのまま保持しているものがあって、江戸時代の仏教が形骸化した曹洞宗大本山の体質は平成の今日なお保存されているように思われる。

いずれにしても、明治以降の宗教活動においては積極的な教化活動が要求されるようになった。自分の信仰や行いによって人格的な感化を及ぼすという昔ながらの禅の師匠のやり方だけでは間に合わなくなって、説教による布教教化という新しい方法が必要となってきた。今まで全くそのような習慣がない曹洞宗の僧侶は大変戸惑ったのである。

宗門当局では急いで説教の指南書を出したり、説教専門の布教師を養成したりしたけれども、なかなかその効果は上がらなかった（にもかかわらず、今日なお宗務庁は依然として特派布教師なるものを派遣して百年も遅れた布教教化に固執している）。

この時、心ある僧侶や熱心な信者の中から奮起するものが現れて、明治二十年に『曹洞宗扶宗会』を結成した。これは曹洞宗を扶け、布教教化のために協力することを目的とした団体であった。この団体の目ざすところは曹洞宗の信仰の指導原理を確立し、宗団全体の統一した信仰実践を抱かしめようとしたものであった。

この会の考えは、曹洞宗の根本は坐禅であるけれど、坐禅は専門の僧侶のやることであって、その目的も僧侶とは異なるから、坐禅をもって教化の中心とすることは、民衆の教化という点では適当ではない。在家の布教教化としては、むしろ道元禅師が出家在家を通じて勧められていた授戒が適当であるということであった。

〈民衆教化の手段としての授戒会及び葬儀式〉

道元禅師は永平寺に入られる前の十一年間に京都やその付近において二千人余の人にたいして戒を授けられていた。特に江戸時代中期には授戒の儀式が民衆教化の方法として広く採用されていた。

現在行われている授戒の方式を最初に考え出し、シナリオを書いて演出したのは三河地方の僧侶であった。ちなみに曹洞宗の葬式のシナリオも授戒の方式を演出した三河地方の僧侶の一団が考え出した民衆教化の手段であった。そのために曹洞宗の葬儀式は血脈の授与式すなわち三帰戒、三摂浄戒、十重禁戒を授けて、仏弟子とする授戒入位が中心となっている。

こうして明治初年に日本の仏教にとっては悲劇とも言える仏教排斥運動の中から仏教の原点に立ち戻って仏教をたてなおそうとする曹洞宗の僧侶や在家信者の手によって、民衆教化のテキストとして修証義が編纂され、民衆教化の方法として授戒会が誕生した。また僧侶の社会的役割として唯一つ残された葬儀式のシナリオが作られた。

いずれにしても民衆教化の目的で作られた、これら一連の儀式法要は修証義の精神に基づいて傳法の方式を民衆レベルにまで引き下げたものであった。

しかし仏教復活のこうした気運も、日露・日清・太平洋戦争へとエスカレートする軍部の台頭によって芽が摘まれ、戦時国家総動員体制（昭和十三年の国家総動員法公布）の最中に公布された宗教団体法により日本の諸宗教は強制的に「天皇制国家神道」に従属させられた。これに加えて一九四一年には、治安維持改正法が国会で可決され、この恐るべき弾圧法によって宗教弾圧が思いのままに進められた。こうして国家権力は右手に宗教団体法、左手に治安維持法を携えて、宗教弾圧の体制は完璧になった。

昭和十五年には宗教団体法が公布され、これまで公認されていた宗教団体、特に一宗一管長制で統括されていた伝統教団は、これまでの宗制を「天皇制国家神道」に従属するように戒定し、新たに承認を受ける必要に迫られた。このような弾圧を背景に各宗派は、宗制や宗旨を変えるなどして生き残りを図った。また、行政的な宗門運営をするために江戸幕府が作った本末関係まで公的に解消してしまった。

これが何を意味するかといえば、この解消によってそれまで本寺に許されていた口伝、由緒、故事来歴、特に本寺がその伝統にしたがって行って来た法式、僧侶の養成、取締、僧階の授与、住職の任免権などが宗制枠に組み入れられて、行政機関としての宗門がそれを執行するようになった。この時点から宗務行政が宗務役職の任免権を握った。

本寺と末寺の関係によって維持され、僧院仏教として面授相続してきた曹洞教団は、行政的枠組みによる曹洞宗団になってしまった。

〈日本仏教の現状〉

現代仏教は葬式仏教とか宗派仏教と総称されているように、本来の仏教とは全く内容を異にした形骸化した仏教である。なぜこうなったかは上述してきたとおりであるが、この仏教の再生を考えるにあたっては、現状の分析が必要である。

◇仏教僧侶の現状

(1) 出家と自称しながら、その内容は肉食妻帯をして家族をもち、在家と変わらない生活をしている。
(2) 曹洞宗の僧侶になる最低限の条件は師匠との面授による伝法を受けて身心自覚することであるが、この伝法が形式的に本庁への届けだけで僧侶の資格を得ている者が多い。伝法の証としての『三物』さえも持っていない僧侶がいる。
(3) 曹洞の機を心得ていない僧侶がほとんどである。
(4) 生活、衣服が在家と変わらなくとも、意識が出家であることを示すために剃髪している。

近年は有髪の曹洞宗僧侶も現れている。
(5) 朝課、暁天、看經、作務などのお勤めを怠っている。
(6) 死者儀礼（葬式、法要）のみを僧侶の仕事としている。
(7) 住職は法人の代表役員で、法人から給与をもらうサラリーマンであり、寺族は従業員である。

◇寺の現状

(1) 寺は僧侶の個人住宅となっている。
(2) 檀家の上に胡床をかいている。
(3) 檀家の寄付に頼って伽藍を維持している。
(4) 法要、儀式にのみ本堂が利用されている。
(5) 曹洞宗制、寺院規則に基づく法人運営では、会社運営となっている。

・憲法に定められた信教の自由により、宗教法人の行う宗教活動に限り、税法上の優遇処置が認められている。
・固定資産税（地方税法）、所得税（国税）、これらの税法をよく理解し、宗教法人法に定められている範囲において宗教活動を展開することが、今仏教寺院に求められている仏教再生の道である。

〈近代仏教活動の壁〉

仏教の再生を目指す上で最も大きな壁になっているのは、地方行政の担当官が無宗教（ないしは宗教に無関心）であり、仏教に対する認識がきわめて浅薄である点にある。従って、仏教が古来日本国家及び日本文化に果たして来た役割が行政当局に理解されるよう仏教者側から働きかけることが急務である。

仏教（宗教）の本来の活動について具体的に示し、かつまた行動することが必要である。そこで以下、仏教（宗教）が本来持っている機能と仏教本来の宗教活動を詳述する。

◇１　宗教が本来もっている機能

(1) 宗教は人間の道徳性を守る砦である。

(2) 宗教は個人と所属集団の中での位置づけに意味を与える働きがある。

(3) 宗教は不確定な問題に直面したとき、その人の心の支えとなり、心に安らぎをもたらす源泉となる。

(4) 宗教は不安や悲しみを抱いている人の心の慰めとなり、社会の目標に心を向けさせ、精神を高揚させる働きを持っている。

(5) 宗教は自己認識ないしは人間としての自覚を促す機能がある。

(6) 宗教は社会の統制を支持し、その社会での既成の価値や目標を強調し、さらに個人のフラストレーションを克服する方法を与えることによって、その社会の統一と安定を保つ働きを持っている。

(7) 宗教は共通の観念と行動を通じて集団の連帯性を強め、その統合を促進する機能がある。

◇2 仏教本来の宗教活動

釈迦牟尼仏陀の教えを仏教という。だから仏陀というのはお釈迦様のことであり、お釈迦様の教えが仏教である。お釈迦様の教えを出来るだけ多くの人に広めて人間らしい生き方を自ら示し、人を導いていく活動をするのが僧侶の本分であり、仏教本来の宗教活動である。

第４章　大衆教化の壁と窓

１　曹洞宗における教化

曹洞宗教団はもともと大衆教化の集団というよりは出家集団の性格が強く、そのために僧侶中心の儀礼・儀式がすべてをしめている。

そればかりではなく、大衆の心理を把握するという点においてもきわめて劣っている。

しかし、近年特に江戸中期以後、大衆が日本社会の中心的価値を担うようになるにつれて、出家集団の世俗化がすすんだ。また出家者と大衆との結びつきが強くなるにつれて、出家者としての資質が失われて、死者儀礼の請負人として次第に専門化していった。

この傾向に油をそそいだのは江戸幕府の宗教政策であったが、何をおいても僧侶自身の生活態度の中にあるのはいうまでもない。

しかし一方、こうした世俗化の中で、死者儀礼とは切り離して、普遍的宗教としての仏教の本来の姿をとりもどそうとする運動が各仏教教団内部より起こった。その運動の一つが曹洞宗僧侶の中から起こった授戒会ではなかったろうか。

授戒会はもともと出家者が集まって修行を行う中で、師から弟子へと法を伝えていく伝法の作法を言うのであるが、この伝法の作法を一般大衆教化の基本において、一般大衆に禅的訓練を施し、仏教に基づく信仰生活を樹立させ仏教信念を強固にするというのが授戒会の本来の精神であった。

従って授戒こそは曹洞宗のもつ大衆教化の第一に挙げられるものであり、かつ大規模な在家中心の法儀であるといってよい。

2　授戒会の理想と現実

曹洞宗はこの授戒会という禅的修養会を通して宗門の外護者、心信家を養成してきた。曹洞宗の誇る『修証義』という経典が作られたのもこの授戒会を念頭において作られたものであることは明らかである。

『修証義』は人間存在のあり方を因果応報としてとらえ、輪廻する業（日常生活）から脱する実践方法として「懺悔」をあげ、「懺悔」することによって小罪を滅し、「授戒」に導く。授戒を通して「感応道交」が行われて、自然と「菩提心」をおこすことになるのであって、菩提心をおこせば、利他の精神に徹した日常生活が行われるようになり、自然に行持報恩の生活が営まれるのだ、というのが授戒会を企画した人達の目ざした理想であったと思われる。

ここで大切なのは「行持」ということであるが、近年僧侶の間では「行持」というのは「儀式」の進退の事であると誤解をしている者が多い。従って法堂の進退が規範の通り出来れば、それで仏法行事が出来ていると考えている者が多いところに、近年曹洞宗僧侶の誤った一面がある。

行持即報恩であり。報恩が行持であることを忘れたら、行持の精神は失われる。授戒はこういう意味での行持の徹底にあったのである。仏教教団が在家の基本道徳として恩の精神を提供し、それを社会の中心的価値にまで高めた功績は大きい。江戸から明治にかけて、社会の中心的価値が「恩」の精神につらぬかれていたことは社会学者の等しく指摘するところである。そしてまた、この時代の中心的価値形成に曹洞宗の授戒会が大きな機能を果たしていた。授戒会はこのような背景の中で、ますます複雑に体系立てられ、制度化されていった。

ことに授戒が葬儀にまで採り入れられるようになったために、授戒会そのものも死に直結したものと考えられて、日常生活における道徳の基本を自覚する修養の場としての戒会そのものまでが冥土の通行券としての血脈をもらうための戒会という印象をもって、一般大衆に受けとめられるようになってしまった。

また一方では戒会が制度化され、規範化されるにつれ、専門化していって、それぞれのパートに分業的専門化が必要となり、それが職分化していったため、戒会がそういう職分化した僧侶の手を借りなければ出来なくなってしまった。しかも、こうして職分化した僧侶が自分自身の修養のための稼ぎの場として戒会を考えるようになったため、戒会は急速にその所期の精神を失っていった。

3　仏教本来のあり方に戻ろうとする活動

江戸幕府の宗教政策の影響を受けて、民衆の仏教受容が信心の裏づけを失いつつあった時、曹洞宗の僧侶の一部から民衆の寺院からの離反をくい止め、同時に僧侶が互いに修行弁道の場として、また後継者養成の場として、組織立てられ、体系化したのが現今の授戒会であったことは前述の通りである。しかし、別の見方をすれば、僧侶自身のルネッサンスであると同時に檀家制度によって形骸化した家の宗教から、再び個人の宗教へと引きもどそうとする運動であった。いわば仏教の本来のあり方に戻ろうとする極めて近代的な宗教活動であったともいえる。

しかし残念ながら現行の授戒は現代人の欲求を満たすものとはなっていないばかりか、かえって離反する傾向にある。

そこで次にはその原因をつきとめ、時代に生きた戒会のあり方を考えてみたいと思う。

4　現今一般に行われている戒会の欠点（愛知尾張地方の事例をもとに考察）

ここでは欠点と思われる部分について箇条書きにして、その各々について考察する。

(1)　戒会に施食会、先祖供養など死者儀礼を多くとり入れ過ぎる。

これはせっかく授戒会を通して個人の自覚を促そうという宗教の近代的活動に水をさすもので、祖先崇拝的死者儀礼を行うことによって前近代的な家の宗教を温存しようとするものである。

また、檀家制度の上にあぐらをかいて、そこから戒会の費用を捻出し、かつ僧侶自身の経済的潤いを目的としたものであるところに戒会の曲げられた精神の一面を見る。

(2)　授戒会に金がかかりすぎるということ。

現今、尾張地方で授戒をやろうとすれば僧侶に支払う布施だけで、まず八百万円から一千万円はかかるというのが常識となっている。最低一律一日五万円の布施というのは一般労働者の常識では考えられない賃金であり、一般大衆の目からすれば、それは貪りとしか考えられない金額である。

随喜を基本精神とする戒会にとって、布施を目的として戒会に参加しようとする僧侶の意義が戒会を前近代的なものに追いやっている。

(3)　授戒の儀礼が「祖師」に対する絶対帰依の表象であるにもかかわらず、形式的作法に堕している。

授戒につきものとしての迎聖諷経・送聖諷経・歎仏・献粥・上供などの儀式は祖師に対する絶対帰依の表象である。従って大衆教化という立場から考えればどちらでも良いのであって、もっと重要なことは僧侶自身の弁道である坐禅と大衆教化としての説法である。

ここでは大衆教化に焦点をしぼっているので儀式の近代化については触れない。

(4) 授戒会のクライマックスである懺悔道場・教授道場・正授道場といわれる感激のドラマが現代人の感覚からずれている。

人間が自己の世界観や、信念を変える時は大きな感動にゆさぶられた時である。授戒の目標は人々を感動させることによって、人々の世界観や人生観を変えさせて、佛の道に導くというのであるから感動のドラマがなければならない。ここでとりあげている三道場はいずれも授戒を最初に企画した人々の考えた感動のドラマであるが、これを規範化して、そのまま現代人を対象に演じても何の感動も得られない。懺悔の功徳が自分を清浄にするという筋書きのドラマをシンボライズした感動のドラマを時代感覚に合わせて演出する必要がある。

(5) 授戒、血脈、戒名という言葉が死語になっているため、呼びかけの言葉としては魅力がない。

授戒という言葉は、現在日本語として通用しないほどに、忘れられた死語であるから、「授戒を受けませんか」という呼びかけは、現状の中、青年層には通用しない。また血脈・戒名という言葉は死者がもらうものというイメージで理解されている。従って、血脈をもらい、戒名をつけてもらう授戒は若い者にとってはむしろ避けるべき縁起の悪いものという印象をもって受けとめられている。

私の行った調査では、二十歳から五十歳までの男女合せて五百人の統計の結果、①「授戒会とはどんなものであるか知らない」と答えた者が九六パーセント、②「血脈とは何であるかわからない」と答えた者が九八パーセント、③「戒名は死者につけられるものであるから、今つけてもらうのは縁起が悪い」と答えた者が九四パーセントにのぼる。

5　将来に向けて

それでは授戒は全く現代人の教化に適していないかと言うと、そうではない。曹洞宗においては授戒を除いては大衆教化の道はないと言って良い程、授戒は大衆教化の最も体系化された手段であるということが出来る。

ただ前述した通り、現状のままではどうしようもないので、社会の変化に即応した企画と演出をする必要がある。

一般に伝統的なものを新しい時代に合わせて企画する場合の定石は、①伝統的なものをどこまで守るか、②そしてどの部分を破るか、③さらにはどの部分で全く新しい独創的なものへと伝統を離れるか、という順番に考えることである。

そこで授戒においての「守」は、①伝法の精神を守ること、②血脈は仏弟子としての自覚を促すもの、人格を証明するライセンスとして意味づけること、③僧侶の弁道としての法儀、特に坐禅を綿密に修すること、④僧侶が随喜の根本精神を失わないこと、⑤合掌と礼仏は仏祖に対する絶対帰依の表象として行うこと、などである。

これに対して「破」は、①現代人に適用しない仏教専門用語を出来るだけ使用しないこと、②僧侶が役者となる儀式を少なくすること、③僧侶が戒会から布施を得ようとしないこと、④形式よりも実践内容を重んずること、⑤死者儀礼をぬきにすること、⑥規範に執らわれないこと、などである。

「離」は、①説法説戒を中心としたプログラムを組むこと、②青年層・中年層・女性といった階層を考えて、対象を明確にした企画を立てること、③詩的・音楽的要素を多くとり入れるとともに、シンセサイザー、レーザー光線など時代感覚を加味した企画をすること、④胸がワクワクするような強烈な感動を与えるイベントをプログラムの中に加えること、⑤特に「懺悔道場」は人々の心を転換させるドラマであるので、規範を離れた思いきった演出が必要である。これは小罪の意味をはっきりさせて、自らの行為に恥を感ずる内観のドラマでなければならない。

6　私の演出した授戒会の失敗と成功

以上の観点より、私は平成元年十一月六日より三日間の授戒会を開催した。そこでその経過と結果を記して、将来のステップとしたい。先ず会員（戒弟）の募集について、授戒という死語を使ったために、七カ月をかけてやっと集めた数が六百五十人で、しかも老人ばかりであった。またアトラクティブなポスターを準備したが、プログラム（日鑑）その他すべてにわたって従来の専門用語を用いたため一般大衆の関心を引くことが出来なかった。

随喜寺院・スタッフの十分な理解と訓練がなかったため所期の企画が実現出来なかった。

戒会の企画は三会場を設け、第一会場の本堂において「守」の部分、すなわち伝統的戒会の形を行い、第二会場では説法・説戒・法座を中心に「破」の部分を進め、「離」として第三会場を野外山門前の放生池に置き、この池を囲んで参加の人々が座り、「瞑想と音楽と説法」と銘打って感動のドラマを企画した。しかし全体としては第一会場の儀式が主となったため従来の戒会を超えることは出来なかった。

しかし一般大衆に与えた印象は大きく、特に第二会場、第三会場での反応はある程度所期の目的を達成した感がある。

この戒会の最大のイベントである第三会場は、夕闇の迫る中、もやの立ちこめた放生池をさまざまな色を交えた照明で、光のマンダラを作り、水面にしつらえた大きな蓮の花の造形、仙境を想わせる鳥と橋、イルミネーションをつけて夜空に浮かぶ鐘楼門、宝樹のように輝く木々などがまるで極楽を再現したかのような世界を描いて、会場をとりまく人々の心をゆさぶる中、六時の梵鐘の音をかわきりに、宮下冨美夫氏の奏でる美しい曲が始まった。曲に誘われて池の水鳥までが泳ぎの舞を見せる。人々もまた天の気に触れたかのように、瞑想に入る。緋の衣に金襴の袈裟をつけ、池の岸辺に宮下冨美夫のシンセサイザーと並ぶように設置された蓮台の上に坐った私は機を見て、法句経の詩篇を口ずさむ。命の尊さを説き、放逸と愛欲のたのしみより離れることを説き、愚かさの闇を脱して、智慧の光明に照らされることを説く。音楽の音霊と説法の言霊とが和して聞く人の心に迫る。この座にめぐり合わせた一人の青年の言葉を借りて、このイベントの評とする。「音楽や説法が耳に聞えて来るのではなく、一つ一つの細胞の穴を通って肌に染みとおってくる感動を覚えました」。

私はこれからの授戒会にはこうした感動の一コマを企画すべきであると考えている。

第5章　日本仏教の近代化

仏教は日本に伝えられた当初から呪術的用具として受容された。だから世界宗教としての性格をもった仏教も、呪術にくるまって雪だるまのように大きくなった。それはもはや世界宗教としての仏教ではなく「祈りの宗教」、いいかえれば「民族宗教」として、人々と結びついた。一般に、民族宗教と世界宗教との差異は、その宗教的地盤と宗教行動の方向によって区別することが出来る。すなわち、その宗教的地盤が自然環境であったり、有機体としての自分自身であったり、またその人の住んでいる社会であったりする場合、われわれの宗教行動は外にむかう宗教として行われる。そしてこの外にむかう宗教は、一種の「呪術的」または「神だのみ的」宗教と考えることが出来る。またここでいう宗教行動とは、ある「犯してはならないもの」「聖なるもの」に向けられる人間のある種の行為であるとすると、民族宗教ではこの「聖なるもの」の観念があらゆる場面に広がっている。

それは多くの対象に宿るアニミスティックな超人間的な力、ないしは神々、精霊、霊魂といったものの複合体に象徴されている。

一方世界宗教は、個人の内省によって見出される地盤であり、その宗教行動は内に向かう方法をとる。そしてそれぞれの慣習から神聖性を奪い去り、その代わりに一般的、普遍的な行為の原理を提供する。その結果、宗教自体の範囲をはるかに超えた重大な影響として行動の合理化を導く。もちろん、この二つの型は純粋な形においてはめったに見られない。

日本の仏教は、特に平安時代にいたって、呪術的傾向が強くなり、用具化された文化の役割としての機能しか果たさなくなった。一般に文化変容の原理によれば、文化が極度に用具化されると、必然的に内部から強い反動運動が起こってくるものであるが、鎌倉仏教の展開は極度に用具化された仏教の合理化であり、貴族という閉鎖された伝統社会の中で、極度に呪術化されたものからの解放であった。鎌倉仏教の展開は、文化人類学でいう仏教の日本的アカルチュレーションであり、日本人が普遍的なものへとつながりうる道を示したものであった。

鎌倉仏教が示した「聖なるもの」の基本的概念は、ロバート・ベラの分析に従えば、一つは慈悲・恩恵を与える神性であり、もう一つは、現実の本源、あるいは内的本質としての神性、具体的には仏性である。

そこで慈悲に対しては感謝、報恩という宗教行動が生まれる。また本来の自己とか仏性という動機づけに対しては、究極的実在と、何らかの形で合一しようとする実践が生まれる。鎌倉仏教が示したこの二つの側面は、親鸞・道元・日蓮によって代表される。親鸞は他力の信仰を求めて生き、道元と日蓮は自力の修行に打ちこんだ。親鸞は「彼」の世に視点をむけ、道元と日蓮は「此」の世に目をそそいだ。

日蓮は念仏の他力と、自力の禅に密教的な呪術を加えて、現世利益を説いた。しかし彼の現世利益は、旧仏教のそれとは異なり、「国家が安全であるか否かは、政道がまっすぐであるか否かによる」（北条時宗に與うる書）といい、政治への働きかけを通して、現世の社会生活をよりよくしようとする方向へと導いた。この日蓮の動機づけは、戦後目ざましく進出してきた新興宗教によって採用され、大衆を集めるのにある程度の成功をおさめている。仏教の合理化はすでに述べた如く、鎌倉仏教においてそのモデルが示された。

人々は室町時代のアノミー的社会現象を迎えて、新しい理念的文化を自らの内に内面化していった。しかし、不幸にして一度合理化を達成した仏教も、教団の発生と共に、権力と結びつき、あるいは無病息災、夫婦和合、国家安泰などといった農耕生活と農村的社会機構の維持と発展のために受容され、育成されてきた日本人の信仰型に妥協することによって、元来もっていたダイナミックな能動性と緊張性を失って、祖霊を祀るための用具と化していった。そのために経文は再び呪術的役割を演ずることになった。

そこで、いまふたたび仏教が充分に社会的な機能を果たしうるためには、まず「聖なるもの」に対する思いきった単純化が必要である。

仏教倫理が「世間」と緊張関係にたって、これを不断に合理化するダイナミズムを持つためには、その「聖なるもの」への動機づけが生活に方法的に示さなければならない。

しかも仏教教団がそれぞれ教団の本質をわきまえ、教団の組織を根本的に合理化することである。

一般に宗教的な行為は、一方に「聖なるもの」との関係において象徴的な意味をもつ行為であると共に、このような行為を中心として教団は成立する。

宗教的な行為の具体的なあらわれは、信仰であり、儀式であり、利他行である。この場合、信仰とは「聖なるもの」との関係である。「聖なるもの」（仏性）に合一しようとする人間の行為である。「聖なるもの」（阿弥陀仏）の働きかけに対する人間の感謝であり、報恩である。

そしてこの信仰が概念によって言い表わされると、教えとか教義とか呼ばれるものになる。しかし教義が生まれてそこから教団が出来るのではなく、教団が生まれるとその教団を成り立たせる信仰は教義として一定の形をとるようになる。そこで教団を成立させるものは教義ではなく信仰である。信仰は「聖なるもの」との関係である。しかも自覚的な関係である。このいわば縦の関係である信仰は、生の姿であるかぎり必ず横の関係・他人に対する関係を含んでくる。生の内面的な関係である信仰は、従って生の外面的な関係、すなわち倫理面、慈悲の行となって示される。

「発菩提心」とはまさにそのことをさすものである。宗教が生きた存在を保つ場合には、必ず人間共同を具体的に、また現実的に支え促進する動力としての役割を果たす。これが宗教の社会的機能である。この機能がひとりひとりの信仰者を一つの団体に集める。それが教団の本来の姿である。

ひとりひとりの信者を教育し、訓練するのは、教職者の役目であり、教職者を通して、人々は教団に結集される。この場合、教職者と信者との関係は、個人的な信頼と奉仕との関係でお互いに結ばれている。

教職者と信者との間、寺院と教団との間が有機的な相互関係にある場合にこそ、この教団は生きて社会の中に機能を発揮することが出来る。

第6章　国家体制の変動と宗教

　宗教団体や宗教運動にとって、国が宗教に対してどのような態度で臨むかは、極めて大きな問題である。どの宗教を保護するか、あるいは排除するか。宗教の自治制・自律性をどの程度認めるか。新しい宗教が起こった場合にどのように対処するか。こうしたことは宗教の活動・展開にとっては、決定的ともいえる影響を及ぼす。

　現在では宗教統制はほとんどなされず、日本の歴史上きわめて自由な宗教活動が保障される時代を迎えた。近代における国家の宗教に対する姿勢については、戦前と戦後において大きく異なっている。

〈戦前の体制〉

　明治政府は当初、国民教化を政府主導で行う方針をもっていた。一八六八年の神仏分離令、翌年の宣教師設置、ついで一八七二年にはそれに代わる教導職の設置等の政策がそれを物語っている。

・一八七二年には政府に宗教省ともいえる教部省が設置された。しかしこの教部省は一八七七年頃には廃止され、教導職も一八八四年頃に全面廃止となった。

・この頃から政府は一種の政教分離策を目指すようになった。それが今日の政教分離と大きく異なるのは、神社神道が「国家の宗教」として他の宗教とは異なる扱いを受けたことである。他の宗教については、公認制度が設けられて教派というカテゴリーが設けられた。そして仏教の各宗派は、十三宗五十六派が公認された。

・こういう体制のもとでは、公認された教団になるかどうかが大きな問題であり、そのために、各教団は公認のために教義を整え、活動を自粛するような自己規制をするようになった。かくて国家による宗教統制は間接的に実現された。

・大正から昭和にかけて急速に国家主義が高まり、その過程で、天皇制にとって不利な宗教は容赦なく弾圧された。

〈戦後の体制〉

第二次世界大戦後、連合国司令部の宗教政策に基づいて一九四五年に人権司令が出され、日本の民主主義を妨げたと思われる法令、法律を直ちに廃止することを命じた。その第一が治安維持法であり、宗教団体法もそのひとつである。ここで一挙に信教の自由、政教分離が実現された。

・戦後直ちに、それまでの宗教団体法が廃止となり、一九四五年、宗教法人令が公布され、ついで一九五一年に宗教法人法が公布され、今日に至る基本的な体制が確立した。

・このような社会変動のなかで仏教宗派は、徳川幕府以来の長い檀家制度の中で培われた体制は容易に変わらず、一部に刷新運動が起こったものの、大きな変動は観察されていない。戦後の新しい体制の中においても基本構造に変化は見られない。「葬式仏教」と呼ばれるように、葬儀や年忌法要を中心とする儀礼中心の宗教という性格を維持している。

ここで日本仏教の現状を、国家と宗教という課題に絞って考えてみよう。

明治維新以降は廃仏毀釈思想が後を引いて、一九四五年の終戦に至るまで、仏教はさまざまな形で、国家の弾圧を受けて、その宗教性を奪われてきた。しかし一九四六年十一月三日に公布され、一九四七年五月三日に施行された日本国憲法によって、信教の自由が保障され、政治と宗教が相互に介入しあうことを禁止する原則が採用された。

憲法に定められた信教の自由は、宗教を信じる者の自由と宗教を説く者の自由を定めたものであり、その自由を保障するために、宗教法人法が定められた。

この宗教法人法の下で、既成の宗教団体が法人化された。仏教団体もまた法人化されてその組織が一変した。また個々の寺院は宗教法人としてそれぞれ独立した。

宗教法人法は「宗教団体が、礼拝の施設その他の財産を所有し、これを維持運用し、その他の目的達成のための業務及び事業を運営することに資するため、教団に法律上の能力を与えることを目的」として定められたものである。

宗教法人として人格を得た寺の住職は、宗教法人の頭脳となり、また手足となって活動する機関（責任役員会）の代表を兼務することとなった。要するに住職は宗教活動の主体であると同時に世俗事務の代表を兼ねることになった。

国家によって定められた宗教団体の法人化は一面においては信教の自由を得たものの、他面において宗教性を喪失する結果となった。宗教活動の主祭者が世俗事務の代表者を兼ねることによってカリスマ性を喪失することになった。

ともあれ、「信教の自由」を得た仏教は、明治以降あらゆる面で受けてきた国家の弾圧を免れることが出来たかにみえるが、実状は依然として行政の圧力を受けて、宗教活動の自由がうばわれている。

新憲法の下で確立された地方自治体、特に市町村の行政機関は憲法に定められた政教分離の原則を理解しないまま今日に至っているので、宗教法人の所有する固有の財産（境内地、境内建物）を一般市民と同列の扱いで課税をしようとして、宗教法人の宗教上の特性や習慣にまで立ち入って調査し、信教の自由を妨げようとしている。

「宗教」とは何か、「宗教法人」とは何かを十分理解することが出来ない地方行政に「政教分離」の原則を徹底するために特別に定められているのが地方税法第348条第3号に定めている非課税要項「宗教法人が専らその本来の用に供する宗教法人法第3条に規定する境内建物および境内地」である。

この定めがあるにもかかわらず、宗教法人が所有する境内の固定資産に課税するのは「専ら本来の用に供する」という文言を条件文と取り違えて「専ら本来の用に供していない」境内固定資産は非課税要件を満たしていない、として課税しようとしている。「専ら本来の用に供する」は形容句であり次に続く文章の修飾語句であって条件文ではない。従って「専ら本来の用に供する」をわかりやすい言葉で言えば「宗教目的のために使用する」という意味である。

いずれにしても宗教法人が法第3条の規定に従って境内固定資産と定めて使用している当該宗教法人固有の固定資産は一般市民の所有する固定資産に適応する地方税法の対象とはならない。地方の行政機関は宗教法人の所有する固定資産に対しては、宗教法人法を十分理解したうえで「信教の自由」「政教分離」の原則を侵害しないよう慎重を期すべきである。

また宗教法人となった寺の住職は代表役員であることを自覚し、宗教法人法を十分理解して、法人の所有する財産を維持運用し、その他宗教法人の目的達成のための業務及び事業を行うことによって、一般大衆の支持を得、間違った行政を正していかなければ本当の意味での「信教の自由」を確保することはできない。

〈二十一世紀に生きる人々を救う仏教〉

二十世紀後半の日本社会は資本主義が頂点に達し、金儲けが社会の中心的価値となり、日本人の七割近くの人が「日本人は自分のことばかり考えている」「自分の欲望や利益しか考えない人が増えた」「自分本位の考え方の人が多く、他人のことには無関心だ」という世論調査の質問を支持している。（一九六五年、総理府の世論調査）また世の中の人達のことを考えるよりも自分や自分の家族のことが先だ、と思う人が八割を超えている。

近代日本における日本人の多くは、家や村や町の中に埋没していた。家族や共同体は、その強い拘束力によって個人を縛っていた。しかし他面では、個人は家や村の共同体的連帯によって生存を保障されていたといってもよい。

二十世紀末、資本主義経済の急速な発展に伴って、経済の合理性が農村地域の連帯性を消失させて、利己的行動を生み出した。家族制度が崩れて、核家族が村を離れて大都市の周辺に殺到したため、ベッドタウンと呼ばれる大きな団地が各地に生まれた。運命共同体としての家制度が崩壊して、強い連帯感で結ばれていた村がその拘束力を消失すると、人間関係が希薄になり、個人個人が勝手に自己の欲望のままに行動するようになった。

こうして出来た近代都市とそのベッドタウンは人間喪失の世界である。コンクリートのビルの林は巨大な墓場のようである。特別な意識によって結ばれた人の集まりを社会であると定義すると、二十一世紀に生きる人の社会は死んだということが出来る。

命の絆がずたずたに切れて、人と人がそれぞれ個人の殻にこもり、お互いにプライベートを侵さない生活を守って生きるのが団地でありマンションである。人間関係が希薄になった現代人は孤独であり、つねに不安を感じている。従って現代人は余暇を重視する人が多くなり、レジャーが人生の一つの目標にもなっている。

近年若者の間では、投げやりな言葉を羅列した歌詞の音楽に合わせて激しく踊りまくるコンサートが流行し、大勢の若者が刹那的な享楽に酔いしれている。

現代日本社会を構成する大衆は、共同体的地域社会から切り離された職業や階層を異にしている大量の人間であり、一人一人を同じ大衆として結びつける紐帯を持たない。孤独感や無力感から脱出して、連帯感を回復するべきコミュニティを持たない大衆は、共通の伝統も慣習も持たないままアノミーの社会に生きている。

二十一世紀はこのような状態にある民衆を救う価値の文化として、仏教の出番が到来したのである。日本仏教は二十世紀において既にその宗教性を失った。仏教寺院は法人化されて、会社運営となった。寺院の住職は宗教法人の代表役員で、法人から給与所得を頂くサラリーマンとなった。

二十世紀に死んだ仏教が二十一世紀に再生興起して、人々を救済し、人々に生きる目標を与えるためには、またアノミーの社会に中心的価値を提供して、社会の秩序を取り戻すことが出来るようになるためには、全国にある寺院が本来の姿を取り戻し、僧侶が仏教の根本思想に目覚めて生きることである。

ここでいう仏教の根本思想とは菩薩道である。菩薩とは人間の二大尊厳性を発揮して生きる人のことである。人間の二大尊厳性とは「慈悲」と「知恵」である。

二十世紀は知識偏重の時代であり、知識を脳に詰め込む教育が徹底されたため頭脳知に生きる、頭でっかちの人間が多くなった。人間は五感（眼、耳、鼻、舌、身）で捉えた影像（思い）を鮮明にするため言葉（意識）に表現して生きている。

人間の心は認識する働きである。その働きの内容は、感覚し、知覚し、思考することである。知識は vi-jñāna（ヴィジュナーナ）と言い二つに分けてし（識）ることであり、智慧は prā-jña（プラジュナー）といって対象になり切ってし（智）ることである。

従って知識による生き方は二つに分けて認識する生き方である。頭脳知で生きている現代人は常に自分と他者とを分けて、自他対立の生き方をしている。現代の資本主義社会は自己の利益と他者の利益とを分けた生き方の上に成り立っているために常に自利と利他が対立した状態にある。これに対して仏教の知恵は対象になり切って知る生き方であるので、利他がそのまま自利となる。このように「他が先で自は後」の精神で生きる人を菩薩と呼んでいる。利他行は菩薩の行願である。

菩薩の行願には四枚の般若がある。

その第一は布施行である。布施行は報謝を求めないで、無条件で自分の力を他に分かつ行いである。人間の職業、労働が全て布施行として行われるとき自他ともに豊かで幸せな社会が実現する。企業もまた布施行である。利他行としての経営は経営者も従業員も共に幸せになる経営である。

菩薩行の第二は愛語である。人と人との交流は言葉によってなされているが、知識で生きている人の言葉は自他対立の言葉であるから、常に口争いに発展する。菩薩行としての言葉は慈愛の心を込めた、顧愛の言葉であるから、人と人とを信頼で結びつける力を持っている。常に愛語をもって会話をすれば明るく楽しい社会が実現する。愛語よく回天の力あることを学すべきである。

菩薩行の第三は利行である。利害を伴った行為である。知識で生きている人は利益を自利と利他の二つに分けて計算し、利他を先とすれば、自分が損をすると考えて、自分が儲かる事だけを考えて生きている。智慧で生きる菩薩は利他を先として生きる。利他を先として行う利行は一法であり、あまねく自他を利する。自他共に潤う道理のあることを知るべきである。

菩薩行の第四は人間関係において自と他は一如であるという生き方である。知識で生きている人は常に自分と他人とを区別して、対立関係で生きているために、互いに争いが絶えない。これに対して知恵で生きる菩薩はあなたがいるから私がいるという、同事という生き方をしているので、常に和が保たれる。自他が一如になるためには、先ず自をして他に同ぜしめ、後に他をして自に同ぜしむる道理がある。

人間社会の最小単位は家庭である。家庭はただ単に男と女が一緒になった、１＋１＝２というのではなく、自他一如となった自他は時に随って無窮の働きをなす。すなわち１＋１が５にも10にもなる、平和で豊かな社会を築くことが出来る。

第７章　現代仏教教団のディレンマをつく

一般に宗教は社会のいろいろな要素と複雑にからみあって存在するものであり、特にそれが教団という特殊な宗教組織を形成して発展する過程においては、次のような避けがたい構造的に固有のディレンマを生み出すことが知られている。

その第一は宗教の制度化がすすむにしたがい、世俗社会に似た役職の構造がつくりだされ、それが人々の心からいろいろな動機を引き出す。役職についた人々は組織の目的や価値を支えていこうと努力するが、このことは、宗教組織本来の目的や価値を微妙に変化させていく結果を招く。僧侶の生活とは、ただ単に「宗教的」な充足感だけをあたえるだけのものではなく、教団内部や一般社会において、特権を得たり、尊敬される立場に立ったり、権力や影響力をもったり、さらに人々を教え、指導していくことなどに個人的才能を発揮することから満足をあたえるような僧侶のみの集団があらわれてくる。こうして発生した集団は、特権・出世の機会、物質的補償などのかたちで、段階別に分けられた報酬で裏づけされた役職の構造をもった一つの安定した組織である。従ってこれらの報酬があたえられるような状態を「維持すること」がこの原因の動機の一つとなる。このような発展が仏教自体にもたらした各種の変化について、また、これらが仏教教団と社会とのあいだの関係にどのような影響をおよぼすかについて、数多くの事例の中から、いくつかを後述したい。

ディレンマの第二は、仏教儀礼および儀式の形骸化についてである。儀式は宗教的な体験を象徴的なかたちで再現するものである。そして、それは宗教的な経験を維持していくために必要なものであるが、究極的なるもの、聖なるものに対する超経験的な体験を儀式に再現するためには経験的な世俗の世界のもので象徴的に表現されなければならない。従って世俗の世界のもので象徴化された儀式は繰り返されていくうちに、単調な日常的な性格のものになっていく。しかも象徴を「悟りの感動を持続」させたり、「彼岸の世界を感知させる」ために使うことは儀式そのものを形骸化させる第一歩となる。本来儀式は人への主観的態度と象徴との深い意味をもつ触れ合いから生まれたものであるが、同じ象徴的な手段を繰り返し使っていると、象徴と人々の態度や感情とのあいだの共鳴作用が失われ、人々の心からある態度や感情を引き起こし、影響をあたえていく力を失ってしまう。

仏教の歴史は、象徴が形骸化していくこのような過程の多くの例を提供している。近年、僧侶はこのように形骸化した儀式に、新しい、そしてしばしば本質的なものでない意味をあたえて入念に第二次的な解釈をつくり出したり、人々の宗教的態度や感情とのあいだの共鳴作用を無視して、世俗的な手段をもって儀式の近代化を図ろうとしている。

ディレンマの第三は、仏教経典や宗祖の教えなどが、僧侶ないしは宗学研究者などによって日常的な言葉に解釈されたり、説明されたりすることは宗教的ならびに倫理的な教えを相対化するために必要なことであり、同時に教えを特定の宗教集団が活動するあたらしい環境に適応するようにしていくためにもまた必要である。しかし、この過程は本来、超越的なものに対する呼びかけであったものを、日常的な平凡なものにしてしまう危険をふくんでいる。また、ある特定の環境のもとで、信徒に教えを具体的なかたちで説明する場合、その意味は言葉どおりの直訳的なかたちで受け入れられるかもしれず、その際、宗教的な教えのもっている意味の本来の深みが失われる可能性がある。宗教の教えは本来教祖ないしは宗祖の自覚自体に含まれていたものであるため、いかに精密な説明を加えようとも、本来の自覚に含まれていた精神を失う危険を冒すことにもなる。まして僧侶が宗祖と同じような自覚に通ずる宗教的体験をもたないで、文字にのみ則して解釈したり、説明したりする場合は、教えはつまらない、日常平凡なものと化してしまう。

さらに特定の宗教の教義は、宗教の制度化が進むにつれて継続的に定義が加えられていく場合が多く、ついには宗学の伝統に則して教育を受けたものでなければとうてい理解しがたいような複雑な、難解な、微妙な教義に関する見解を生みだす。しかもひとたびこのような定義や解釈がつくられると、それらは変更することができず、固定したものとなって、新しい思想や定義に対して閉鎖的になる。このことは現代に於ける日本仏教教団のいずれもが直面している最も深刻なディレンマの一つである。信仰がゆがめられないためには教義や宗義に定義が作られることが必要であるが、それがひとたび定められると、定義それ自体が別の種類のゆがみを起こす可能性を生む。そしてそれらの定義が宗派の分立する原因となる場合が多く、宗門内での争いもまたそこに起因する例が多い。更に悪いことには、これらの多くの教義に関する特定の見解や定義は、宗学教育を受けていない専門家たちの信仰上の導きとなるよりは、むしろ重荷となるような、広範囲にわたる知的構造物となっている。

ディレンマの第四は、信徒の自主的な信仰心を支え補足していくために、宗教指導者が社会的合意や、法的権威にまで頼ろうとするところから起こるディレンマである。社会の指導者は、社会の価値を神聖化し、社会的な統制を支持するものとしての宗教を必要としているので、宗教ならびに宗教的諸制度を脅威から守ろうとする。こうして、宗教的権威と世俗的権威との提携の可能性が生まれる。このような情況は仏教の歴史に密着したものであるが、特に徳川幕府は社会のために宗教を強制し、保護し、また宗教を介して、社会とその価値を、疑いによって傷つけられることから守ろうとした。宗教者もまた信仰を補うために積極的に権力に依存したため宗教的経験の重要な要素を失い、仏教のもつ自然で自主的な性格を冒す結果となった。

さらにいえば、宗教的保守主義と世俗的保守主義とが結びつくことによって、社会不安や政治的反逆が必然的に宗教的な犯行を生みだしたり、またそれとは反対に、宗教的不安や反逆が、必然的に社会的・政治的な反抗運動となる状態がつくり出される。特に新しいエリートが自分たちの行動に意味と方向をあたえ、その努力、業績を正当化していく宗教として仏教をとらえようとする場合に、すでに精巧な官僚制機構を伴う組織として複雑に発展した役職の構造をもった仏教教団にあっては、それに関係している個人が、このあるがままの構造と密着した利害関係をもっているために、彼らが自分たちを脅かすと考えがちな変化や改革に対しては強い抵抗を示すため、ますます保守的、防御的なものとなっている。このような状態がつづくかぎり、仏教教団は精神をぬかれた、組織のみの、社会的には全く形骸化したものとなって、露命を無常の風にさらすことになろう。

第一と第四のディレンマに関連して、日本仏教は幾多の変化とそれに伴う分派を生じ、宗派と称する多くの宗教組織や教団の盛衰を記録している。中でも浄土宗に於ける十五流とも二十四流ともいわれる分派、戦後に起こった更に多くの分派や浄土真宗に於ける十七派、臨済宗の十四派、日蓮宗の九宗六派の分立、曹洞宗に於ける永平寺と総持寺の人脈に分かれた内部的な対立などはいずれも僧侶の地位をめぐる権力争いに、世俗的権力がからまって起こる場合か、または経済的利害のいずれかによるのであって、教義や信仰上の立場の相異による場合は少ない。むしろ教義や儀式に関する作法の相異は対立・分派の大義名分として、一定の状態のもとで、ある種の問題に対応するものとしてつくられた構造であって、新しい状態のもとで、新しい問題を扱う場合の頑固な障害物となっている。

第8章　近代社会に即応した新しい寺院経営を目指して

〈中世的自覚を再生の原点とする〉

1、出家仏教から↓在家仏教
2、葬式仏教から↓教化仏教
3、修行仏教から↓信心仏教　始覺門↓本覺門

道元は法を本覺門、機を始覺門において、本来仏という法を実現するために、修行実践の行持綿密、只管打坐を強調した。ただひたすら（只管）に一行一法を修する。これを仏道という。坐禅の当処に戒行がある。禅戒一致。修証一致。本証妙修。「いま」「ここ」を充実させて生きる。永遠の今に生きることを強調した。

〈曹洞宗における在家仏教活動〉

民衆の仏教受容が信心の裏付けを失いつつあった時、信者や僧侶の一部から、民衆の寺院からの離脱を食い止め、同時に僧侶としての修行弁道の場として、新しく体系化したものの一つが授戒会であった。従って、授戒会は僧侶自身のルネサンスであると同時に、檀家制度によっ

て形骸化した家の宗教から再び個人の宗教へ、いわば仏教本来のあり方に戻ろうとする極めて近代的な宗教活動であった。特に曹洞宗において明治二十年頃に結成された曹洞宗扶宗会では疲弊した曹洞宗の出家仏教を時代に即応した在家仏教として再興しようと試みた曹洞宗団の歴史のうちでも傑出した運動であるが、残念ながらこれに続く優れた人材がなく、時代の流れと共にかき消されてしまった。

〈在家教化のテキストとしての修証義〉

幸いにして、この会が生んだ「洞上在家修証義」は在家信仰の優れた指導書であったが、これも残念ながらこのテキストを活用した新しい民衆教化のための授戒会の演出ドラマが出来上がらないうちに、明治二十三年に曹洞宗教団の肝入りで、著者、大内青巒氏と永平寺（滝谷琢宗）、総持寺（畔上楳仙）の両本山貫主の手で改訂されて、「曹洞宗教会修証義」と題し、正式に曹洞宗の所依の経典となってしまった。従って現在では、徳川時代に描かれたシナリオのまま授戒会が行われている。一方、授戒会のテキストとして編纂された修証義は、葬式や法事に読む経典として使われるに過ぎなくなった。

〈授戒会の形骸化〉

授戒会は本来在家を中心とした大規模な宗教的自覚の集いであるはずなのに、現今行われている授戒会は施餓鬼会を中心とした死者儀礼であり、授与される血脈は、戒をうけて人間らしく生きる自覚を得た証明書ではなく、死後の世界へのパスポートとなっている。

明治以降の百五十年の間の仏教、特に終戦後の日本仏教は、農地解放により寺領まで奪われた寺院がその経済的基盤を葬式、法要料にのみ依存している。そのために徳川幕府の作った遺物である檀家制度（寺請制度）の上にあぐらをかいて、依然として檀家の葬式、法要のみが仏教僧侶の仕事であるかのような日常生活に明け暮れている。しかし顧みれば、明治政府によって家制度が解体され、終戦後、新憲法のもとで核家族化が進み、いまや家の宗教として機能していた檀家はその意味を成さなくなっている。

〈寺院社会の世俗化〉

一方、寺院社会も昭和二十六年に宗教法人法が公布されて以降は、曹洞宗教団は包括法人となり、宗制に基づく法人運営へと大きく転換した。

現在の寺院運営の実態は、住職は宗教法人の代表役員で、法人から給与所得をいただくサラリーマンである。寺院は会社運営となって、葬式、法要を商品とするサービス業となっている。それでいて資本投資（本堂、庫裏などの伽藍の修築、新築）の面では依然として檀家制度（寄付制度）に頼っている。

このように僧侶が宗教家としての心を失い、威厳をなくし、民衆から尊敬されなくなって、寺を会社化し、葬式、法要を商品化して、宗教産業の担い手と化したところに、現代仏教の直面しているジレンマがある。

仏教ではこういう時代のことを末法の世と呼んでいる。末法の世には決まって大衆の心を癒やそうとする救世的運動が、目に見えない力に促されて起こってくると言われているが、その現われのいくつかが、現在日本の各地で、宗教家のみならず、企業家、音楽家、教育者、芸術家、哲学者などの間で起こってきている。たとえば、松下幸之助氏のＰＨＰ活動、沼田恵範氏の仏教伝道協会、友松圓諦氏の心理運動、紀野一義氏の真如会、松原泰道氏の南無の会、中山理々氏の在家仏教運動など様々な形で人間救済運動が起こっている。

〈仏教再生の試みと寺院運営の近代化を目指して―曹洞宗福厳寺の事例―〉

こうした中で、曹洞宗の僧侶は形骸化した寺院活動及び民衆の信仰生活をどう立てなおしたらよいかに注目し、現代仏教の再生を目指して、現代社会に即応した寺院経営を行うべく、昭和五十年に寺院組織の改革に着手した。

１、檀家を解散して、檀家制度を解体し、宗派仏教を解体するため、宗派の枠を超えた、会員制度に改める。

２、寄付制度を改めて、会費制度とし、会費をもって寺の維持費とする。
会費を年１００００円として、会員１００００人を目指す。

会員10000人に達した暁には葬式料は無料とする。
3、墓地の全面改装を行い、墓地の企画を一律一定にして、仏教的に墓および石塔建立の意味を明らかにして、会員のみがこの墓を利用出来る権利を与える。
4、位牌堂を完備して、会員全員が生きているうちは自仏をもち、位牌堂に安置する。死ぬと位牌を作り、位牌堂に安置する。自仏を持っている人は、正月に寺で行う修正会に参加して、一年の計を立て、ご祈祷を受ける。
5、秋葉総本殿の全面改修を行い、火防のご祈祷、火渡り神事の儀式作法、祭のシナリオ、構成を現代人のセンスに合わせて改革する。
6、葬式、法要の値段表を明らかにして、個人が自由に選択出来るようにする。お金の無い人は労働の奉仕によって支払いが出来るようにした。
7、学校法人福厳寺学園を開設して、保育園、幼稚園、寺子屋などを併設して、仏教の理念に基づく人間教育に力を注いでいる。
8、信徒館を作って、企業研修、御詠歌講習、写経講習など研修道場としている。
9、福厳寺メディカル・センターを開設して、整体治療院、整体師養成学院を開校して養生治療を行っている。
10、観音寺奥之院を開設し、体と心の癒やしを目的とした坐禅沐浴道場を開設して養生医療としての禅修行体験プログラムの柱としている。

11、福厳寺修養館を作り、ワールドウィングスポーツジムを開設して、スポーツ選手のトレーニング、病後のリハビリ、高齢者の運動機能回復、健常者の健康管理など総合的な健康管理施設としている。

昭和五十年に福厳寺住職を拝命してから十四年、檀家の解散から始まり、新しい寺院経営のための組織の改革、伽藍の全面改築整備、福厳寺学園の設立などを終えて、平成元年に普山式、授戒会を自戒師にて開催した。授戒会を自戒師で行ったのは、形骸化した授戒イベントを現代における民衆救済の手段として再生させるために、授戒会の本来の目的である僧侶自身の修養弁道の場であると同時に、民衆を自覚に導く場として綿密に企画・演出された一大イベントにしなければならないと思ったからである。

〈現今一般に行われている授戒会の欠点〉

①授戒会に金がかかりすぎる。
②受戒に僧侶中心の法用を持ちこみ過ぎる。
③感応道交のドラマ「懺悔道場」は現代人、特に若い人の感性にそぐわない。
④受戒という言葉が死語となっているため、若い人をこの会に誘い込む魅力がない。
⑤先祖供養や施餓鬼会などの死者供養が中心となっているために、授戒会本来の目的と精心が喪失している。

〈新しい授戒会を企画するにあたって〉

伝統的なものを新しい時代にあわせて改革しようとする時に留意しなければならないことは、伝統的なものをどこまで守るか（守）、どの部分を破るか（破）、どの部分を全く新しいもの（離）とするかを綿密に検討しなければならない。

大衆教化の授戒会を企画する場合、

「守」は、

①伝法の精神を守ること。

②血脈の授与は信仰に生きることの証であることを自覚させること。

③僧侶の弁道としての法儀を綿密に行うこと。

④随喜の精神を守ること。

「破」は、

①僧侶の間での金銭の謝礼を廃止すること。

②授戒会中に僧侶が布施を採らないこと。

③施餓鬼、施主供養などを授戒会中に行わない。

④僧侶専門の法堂法要を少なくすること。

⑤懺悔道場は母体回帰のドラマではなく現代人の感性に応じた感動のドラマであること。

「離」は、

①授戒会の演出シナリオを現代の人の感性に訴え得るものとすること。
②修証義をテキストとして、そのストーリーに合わせて大衆を信仰に導くようにする。
③女性や子供、青年など、対象を絞ったイベントとして企画すること。
④坐禅と法話を柱として、作務、読経、ビデオ、音楽などをとり入れた企画とすること。
⑤血脈を瞑想カードに替えて、いつも携帯し、プラス志向で生きるようすが（縁）とする。
⑥受戒を生涯学習と位置づけ、広く一般に呼びかける。

第9章　仏教の現代化

〈現代社会と宗教〉

ここでいう現代社会とは、近代の科学技術の進歩に支えられて、産業化・都市化・大衆化した社会をいう。現代社会の特徴は著しく「変化の激しい社会」である。従って《現代社会と宗教》の問題はこのような変化の激しい社会がこれにどのように呼応しているかという問題である。

現代社会の特質は急激な都市化と伝統宗教の没落の中に見られる。宗教の世俗化や都市化の現象は世界史の必然的な段階であり、宗教の本質的役割と機能とを今こそ発揮できる時代でもある。

しかし、技術の進歩に伴う産業化の進展と巨大産業の出現は社会構造に変化を引き起こし、人口の都市への流入、いわゆる都市化の現象をもたらした。

特に朝鮮の南北戦争を契機に日本の産業が復興し、急速な都市への人口流入がはじまった。日本ではそれまで、第二次世界大戦の前後を通じて、三対七くらいの割合で都市部より農村部の人口が多かった。それが朝鮮戦争の頃を境に、急激な人口移動が始まり、昭和三十五年ごろには都市部と農村部の人口比は完全に逆転して七対三の割合で都市部のほうが多くなった。
また、この頃から農村社会を支えていた家族制度が崩壊して、核家族化が進み、過疎地域が多くみられるようになった。このような構造的社会変動は、これまで檀家制度によって支えられて来た仏教教団に壊滅的打撃をもたらした。

〈仏教の世俗化と国家〉

◇幕藩体制に組み込まれた仏教

伝統的な日本仏教は徳川幕府によって幕藩体制の中に制度化された。幕藩体制というのは幕府と幕府から領地を与えられた大名とが支配する社会体制で、農民から年貢米を徴収することによって成り立っている社会である。
この社会の単位は家であり、家族である。幕府は大名の所有する領地に農民を張り付け、定住させて、その戸籍を把握するため檀家制度を幕藩体制に組み入れた。仏教寺院はこの制度によって住民の戸籍を預かる役所となった。檀家となった家の家族は一生その土地に定住して、葬儀は戸籍のある寺で行わなければならなかった。寺は死者の戸籍として過去帳を常備することが義務づけられた。（寺請制度）
また、幕府は仏教統制のため、寺院法度を発令し、本末張を提出させて、仏教寺院の中央集権化を図った。

このように幕府の権力によって社会に制度化された仏教は、その宗教性を失って急速に世俗化が進んだ。

◇廃仏毀釈に始まる仏教の世俗化

日本仏教を完全に世俗化したのは、明治新政府である。明治新政府は明治元年（一八六八）に神仏判然令を出して神仏習合をしていた神社の僧侶、別当職を還俗させ、更に神仏分離令を発布して、神社から菩薩・権現などの仏教用語を排斥し、仏像を祀ることを禁じた。

この神仏分離令は廃仏毀釈運動を巻き起こして全国に波及して、一般庶民をも巻き込んだかたちで仏教関係の事物が次々と破壊された。このように明治の新政府は明治天皇による王政復古を樹立するため、仏教が日本に伝来して以来、ほぼ神仏習合の信仰形態として伝承されてきた仏教文化を、国家権力によって神仏を分離して、一方的に国家神道へと塗り替えていった。その結果、幕末には四十五万ケ寺を誇っていた仏教寺院の数が明治二十年頃には十五万ケ寺へと激減した。

明治の新政府は維新直後の廃仏毀釈に加えて、幕藩体制を支えた仏教文化と一緒に、仏教寺院で行われていた養生医療をも排斥するため西洋医学を導入した。

とくにこの仏教寺院の養生医療は僧院仏教の修行生活として伝承されたものであった。

仏教の修行生活における養生は、自然に身を任せ、ゆったりと、小欲知足の生き方をして

「こころ」を穏やかに保ち、病気になりにくい自分、また病気の治りやすい自分をつくることである。ところが明治政府は庶民の癒やしを引き受けていた寺院の施薬、治療を禁止したばかりではなく、漢方を初めとして針・灸・按摩にいたるまで養生医療のすべてを禁止した。その結果、不治の病に冒された弱者を癒やす手立てが失われた。日本人はこの時点から仏教に対する宗教的な感性を喪失することになった。

生・老・病・死のはざまで生きる人間の苦しみを癒やしてきた仏教の養生医療がもぎ取られたことで、「生老と死の輪廻」をつなぐ「病苦」がもぎ取られて、生老も死もすべて観念化されてしまった。

なぜなら、仏教は人間を「生・老・病・死」という輪廻的な存在と捉えて、人生は苦に満ちていることを徹底的に理解し、認識することから出発して、苦の起こってくる原因を滅ぼすことによって、安らぎの人生を得ようとする教えであるから、生・老・病・死という四苦の現実は、生老を生きる過程と死の結果とが、病苦によって繋がっているからである。

寺院における宗教的な「おこない」と医療が明確に分離されたことで、日本人はそれまで宗教活動として営まれてきた生老病死の四苦のサイクルが断ち切られ、仏教の宗教活動に寄せる気持ちが大きく変わってしまった。

◇社寺領上地令による寺院社会の経済的困窮

明治四年（一八七一）に社寺領上地令が公布され、寺院社会に対する徹底的な弾圧が開始された。社寺領上地令とは神社や寺院の境内地を除くすべての所有地を国有化したもので、これによって、寺院は経済的基盤を失った。

さらに同年四月に戸籍法改正が行われ、これまで寺院が預かっていた農民の戸籍が取り上げられ、僧侶自身も戸籍法によって、強制的に苗字を名乗らされ、事実上、出家の在り方が否定され、在家と同様な扱いをされるようになった。

また同年十月に葬儀埋葬法が制定され、つづいて明治五年（一八七二）六月には太政官布告が公布されて庶民の葬儀は必ず僧侶に依頼して行うよう規定された。

幕藩体制から明治維新への社会変化は寺請制度を基調とする檀家制度から、「家」を中心とする祭祀相続の葬式法要を基調とする檀家制度へと変化して、葬式仏教が誕生して今日に至っている。

あらゆる面で世俗化した日本仏教は、現代に生きる庶民の欲求を満たし、生きる価値を提供する力を消失してしまった。

ここで、日本仏教の近代化を論じる前にもう一度、世俗化した日本仏教の現状を通覧しておきたい。

◇教団の世俗化

伝統的な宗派仏教教団のうち、とくに曹洞宗教団は「家」を単位とする檀家制度の上にあぐらをかいていたため、教化集団としての機能を失ったまま、明治・大正・昭和と激動する社会変化に対応した教団改革を行わないで今日に至っている。また葬式仏教と言われる仏教寺院は先祖供養のみに、その存在価値が認められていたが、「家」を単位とした信仰形態である檀家制度が、急速な都市化に伴う家族制度の崩壊とともに、寺院そのものの存在が危機に瀕している。

教団世俗化の第二に挙げられるのは、教団組織の政治化である。明治以降国家によって統制されていた仏教は、一九四七年より施行された日本国憲法によって定められた、信教の自由と厳格な政教分離の原則に基づいて成立した宗教法人法によって、宗教法人として現代社会に制度化された。曹洞宗教団も宗教法人曹洞宗として曹洞宗寺院の包括団体に位置付けられた。

この時点で、曹洞宗教団は疑似政治団体と変貌した。教団運営のために、本山とは別に宗務庁と称する庁舎を設け、宗会議員による議会制度を採用して、曹洞宗寺院を包括する宗教団体を組織した。

永平寺と総持寺の両本山を背景とする宗会議員が構成する政治団体（同信会と総和会）が疑似政党化して、それぞれの会派議員を選出し、内局と称する内閣を作って教団運営を行っている。

◇僧侶の世俗化

僧侶の世俗化は明治政府によって布告された「女人禁制」の廃止、「僧侶の肉食妻帯は勝手たるべし、法要の他は人民一般の服を着用して苦しからず」の僧尼令廃止によって僧侶の世俗化が急速に進んだ。現代では僧侶は一般人と全く変わりのない生活をしている。曹洞宗教団では「宗制」によって僧侶に階級が定められ、衣の色によってランク付けされ、階級に応じて「納め金」が定められている。近年ではその階級が金銭によって取引されている。経済的に豊かな寺院の僧侶がその財力によって僧階を登っていく慣例が横行している。

僧侶は檀家の葬儀法要のみに専念して、自己の修行や信者の育成教化が疎かになっている。また寺の収入だけでは生活できない多くの寺院では、僧侶が学校の教師になったり、役所に勤めたりして、葬式、法要などの寺務が副業と化している。死者儀礼が職業化して、高額な葬式料・法要料を請求するようになった。また僧侶の本務であるはずの勤行、座禅、作務、説法などの宗教活動が疎かになり、寺としての存続価値が極小している。

◇教義の世俗化

現代の日本仏教は宗派仏教で、それぞれの宗派はそれぞれに教理・教義を定め規矩を作って教団を組織し、互いに競い合っている。

本来仏教は釈迦牟尼仏陀の教えであり、その仏陀の教えを信じ、忠実に仏陀の教えを実践した各宗派の祖師（親鸞、道元、日蓮）は宗派の規矩を律することはなかった。宗旨を律することによって、宗派が分かれ、本来の仏教が形骸化した。その結果、一般民衆は「あなたの宗教は」と聞かれると、「〇〇宗です」と答える人が多くなった。形骸化した日本仏教は戦後宗教法人として現代社会に制度化されることによって、更なる世俗化が進み、職業化して、宗教としての機能を失った。

また仏教経典は葬儀・法要の唱え文句と化し、信仰生活の訓戒や規範を示した書物としての機能、ないしは仏教の教義の典拠となる書物としての機能を失って、単なる呪文として扱われている。

僧侶が仏壇の前で読経している姿は、まさしく道元禅師の言葉を借りれば「田の中のカエルの如し」と表現される有様である。経典は唱えたり、解説するものではなく実践するものである。

〈日本仏教再生の道〉

宗教性を失って信仰の対象とならなくなった現代仏教を再生するためには、多くの改革が必要であるが、その第一は、僧侶が伝統的な宗教生活を実践すること、仏道を行ずることである。具体的に言えば、早寝早起きに心がけ、小欲知足の生活に徹し、読経三昧、座禅三昧の修行に精進することである。菩提心を発して、菩薩行に生きることによって清貧を取り戻し、カリスマ的資質を身に着けるよう精進することである。

第二は、寺院を儀式法要の場ではなく、僧侶の修行の場であり、一般大衆の心の癒やしの場であり、心身の養生の場であり、命の再生の場として、広く一般に開放すべきである。

人間疎外の現代社会にあって、唯一人間再生の場である寺は、聖と俗の混交した遊びの場でなければならない。

第三は、教団および寺院を支えている檀家制度を解消して会員制とし、葬式法要の商品化をやめることである。葬式・法要に宗教性を取り戻すことによって、人々が法悦に浸り、心に癒やしと安らぎを与えるものとならなければならない。


〈日本仏教再生の試み〉

◇檀家制度を廃止して会員制度とした事例

愛知県小牧市の曹洞宗福厳寺は昭和五十一年（一九七六）に檀家を解散して、会員制度にした。その動機は、老朽化した伽藍を全面改修するために檀家に寄付を申し出たところ、檀家総代（責任役員）が総辞職をして寄付の申し出を断ったため、住職は本来寄付制度である檀家制度は崩壊したとみて檀家を解散した。

従来の檀家は改めて会員の申し込みをすることによって会員となる事ができる。また会員となった者は、一定の会費を納めていれば、強制寄付を申し出られることはない。

住職からこのような申し出があった当座は、檀家内に大混乱が起きたが、住職が檀家を一軒一軒回って、この仕組みが福厳寺の現状を解決するベストの方法であることを説得した。

説得の具体的口上は――

「いま檀家制度のままで寺の全面修理を行うと、檀家一戸当たり平均百万円の寄付を必要とするが、これを会員制にして、会費を仮に年一万円とすると、百年かけて支払えばよいことになる。今あなたの世代で百万円を支払うか、一万円ずつ百年かけて支払ったほうが良いか、どちらが良いか考えて下さい。」

「福厳寺の住職である私の努力としては、現在三百五十戸ある檀家の数をどれだけ増やすかであり、仮に一万戸に増やせば、一億円の会費が集まるので、全面改修費三億五千万円を銀行借り入れしたとしても、十分に利子を払いながら元本を償還することが出来ることになる。また元本の償還が完了した後は、葬式・法要料を無料として、会費でもって寺を運営する。」

こうした住職の説得が、檀家全員の納得するところとなり、一人も離脱することなく会員制が成立した。かくして平成元年には寺の全面改修が完成し、現代社会に即応した寺の組織が軌道に乗った。

そこで寺を「聖と俗と遊」の融合した人心再生の場として、一般に開放した。その目指すところの理念は――

「寺は心が洗われる思いのするところであり、命のエネルギーを充電する処である。寺は聖域であり、大自然の気を体いっぱいに受ける場所である。

また寺は日常生活（俗）でたまったストレスを吐き出す場所でもある。俗を聖に転換するところであり、時間に縛られた日常生活から解放されて、永遠の時間（聖）を体いっぱいに感じ取るところである。

寺は遊びの場でもある。聖と俗の間を結ぶのが遊である。人生に遊びがなかったら何の楽しみもありません。草花を観賞したり、鳥の囀りに耳を傾けるのも遊であり、虫の声にひかれて、水面に映る月を眺めながら、門前の放生池をめぐるのも遊。遊は風月をあじわう心である。」

〈儀式・教義の近代化〉

◇曹洞宗の受戒会について

受戒というのはもともと僧侶が叢林に集まって修行を行う中で、師匠から弟子へ法を伝えていく伝法の作法をいうのであるが、この伝法の作法を一般大衆教化の基本において、一般大衆に対して、禅的訓練を施し、仏教に基づく信仰生活を樹立させ、仏教信念を強固にする、というのが受戒会の本来の精神であった。

したがって受戒会こそは曹洞宗のもつ大衆教化の第一に挙げられるものであり、かつ大規模な在家中心の法儀である。

曹洞宗においてはその儀式のすべてが僧侶中心のものであって、一般大衆の信念を培養し、仏教的訓練を施す修養的行持はほとんどみられない。

特別な祈祷寺を除いて、曹洞宗寺院が一般大衆と結びついているのは死者儀礼のみであるといってもよい。この点に注目した一部曹洞宗僧侶の間から受戒を在家中心の法儀にまで広げて、これを大衆教化の基本としたのが受戒会の始まりである。

◇受戒会の現実と理想

曹洞宗はこの受戒会という禅的修養会を通じて宗門の外護者・信心家を養成してきた。江戸時代を通して曹洞宗が大きく発展隆昌したのは、一方では後述する檀家制度によるものであるが、他方檀家制度と切り離して考えることはできないのが、受戒会である。

曹洞宗の誇る「修証義」という経典がつくられたのもこの受戒会を念頭に置いて作ったものである。

仏門に入るには「懺悔」することが第一で、「懺悔」することによって「小罪」を滅除し「受戒入位」に導く。受戒を通して「感応道交」が行われて、自然と「菩提心」を発こすことになるのであって、菩提心をおこせば自ずと「行持報恩」の生活が営まれるのだ、というのが受戒会を企画した人達の目指した理想であった。

ここで大切なのは「行持」ということである。受戒会はこの「行持」の徹底にあったのである。「行持」即「報恩」であり、これが在家の基本道徳として江戸時代の農民の生活の中に浸透していったと考えられる。曹洞宗の発展はこの浸透とともに農民の間に広がっていった。

受戒会はこのような背景の中で、ますます複雑に体系化され、制度化されていった。そしてそれが葬儀にまで採り入れられるようになったために、受戒会そのものも死者に直結したものと考えられて、日常生活における道徳の基本を学ぶ修養の場としての授戒会が、冥途の通行券としての血脈をもらうための受戒会という印象をもって、一般大衆に受け止められるようになってしまった。それにもまして不幸なことは、受戒会が制度化され、規範化されたために、これを行う専門の僧侶が現れ、受戒会がこれら一部専門の僧侶に独占されてしまったことである。明治以降とくにこの傾向が強く、受戒会は所期の精神を失っていった。

◇受戒の現代化

前述した通り、民衆の仏教受容が信仰心の裏付けを失いつつあったとき、民衆の寺院からの離脱をくい止め、同時に互いに僧侶としての修行弁道の場として、新しく体系化したものの一つが受戒会であった。従って受戒会は僧侶自身のルネッサンスであると同時に、檀家制度によって形骸化した家の宗教から再び個人の宗教へ、いわば仏教の本来の在り方に戻ろうとする極めて近代的な宗教運動であった。

ところが受戒会はすっかり世俗化して所期の精神を失い、冥土の通行券としての血脈をもらうための儀礼となってしまった。

そこで著者は、平成元年（一九八九）、私の晋山式に因んで三日間の受戒会を執り行い、受戒会の近代化を企画した。

新しく企画した受戒会改革の一つは、死者儀礼中心の法要（施主供養、施餓鬼供養など）を無くして、説戒・説教・仏教講演および坐禅を基本とした専門修行僧堂の生活を体験できる受戒会を企画した。

もう一つ私が最も力を入れた改革は、受戒会のクライマックスとして行われる感動のドラマである「懺悔道場」を現代人のセンスに合わせることであった。

人間が自己の世界観や、信念を変えるのは、大きな感動に揺さぶられたときである。道元禅師は「感応道交」した時と述べられているが、受戒会の最大の目標は人々を感動させることによって、人々の世界観や人生観を変えて、仏の道に導くことである。

◇教化活動としての受戒会

曹洞宗が民衆教化の手段として、伝統的な受戒会を再生するためには、様々な要因を検討する必要があるが、伝統的なものを新しい時代に合わせて企画する場合は、まず念頭に置かなければならないことは、伝統的なものをどこまで「守」るか、ということであり、次にどの部分を「破」るか、そしてどの部分で全く新しいものへと伝統を「離」れるか、ということである。

そこで受戒会の「守」は、

①伝法の精神を忠実に守ること。
②血脈を授与することで、仏弟子としての自覚を促すこと。
③僧侶の弁道としての法義を綿密に行うこと。
④参列する僧侶は随喜の精神を守って、報酬を当てにしないこと。
⑤常に合掌、礼拝を励行すること。
受戒会の「破」は、
①僧侶の間での虚礼を廃止すること。
②受戒に随喜する僧侶は布施をとらないこと。
③受戒会の中に施餓鬼供養等の死者法要を組み込まないこと。
④難しい専門用語を使用しないこと。
受戒会の「離」は、
①坐禅、説戒、説法、作務などを中心とすること。
②中高年、青少年など対象を絞って企画すること。
③「感性」を優先したイベントとして企画すること。
④受戒会は生涯学習の場であると考え、そこに参加すると新しい発想が得られること。
⑤受戒会のクライマックスは「懺悔道場」であるが、伝統的な受戒の「懺悔道場」は母体回帰のドラマであり、生まれ変わりの思想から演出されたものである。もともとは修験道か

ら取り入れたドラマである。

母親の胎内を演出したといわれる懺悔道場は、赤い幕を張り巡らした暗い通路を通り抜け、「小罪」を滅除して「外に出る」。生まれ変わり、戒師より「戒」を授かり、「血脈」を授与されて、新しく生まれ変わった人間として生きる儀式である。

この伝統的な受戒会において、母体回帰として演出された「懺悔道場」を思い切って変革し、現代に生きる人の感性に適応した感動的ドラマを演出することが将来の課題である。

〈寺院のルネッサンス〉

◇単立宗教法人 観音寺（愛知県小牧市大草４３７６番地）の事例

観音寺はもと曹洞宗・福厳寺の塔頭で、観音堂と称していたが、戦後新憲法のもとで成立した宗教法人法施行に因んで、宗教法人観音寺となった寺である。

行政指導の下で宗教法人として独立したものの、檀家を一戸も持たない寺であるため、檀家制度の上で成り立っている曹洞宗の寺としては経済基盤が全くない。こうした曹洞宗の寺は愛知県だけでも二百二十八ケ寺ある。こうした寺は独立して維持できないため、経済力のある本寺の住職が兼務住職となって維持管理をしている。ほとんどの寺は老朽化して、寺としての機能を失っている。

かろうじて存続しているのは、お寺の周りの住民が信徒として寺の行事に参加して寺を支えているからである。

著者（髙瀬武三）は、福厳寺を引退するにあたって、あえて兼務をしていた観音寺の住職となったのは、観音寺を福厳寺から切り離し、宗派を離脱して、現代社会に適応した寺の在り方を追求するためである。

改革の主眼は寺を本来の在り方に戻すことである。寺は仏像を安置し、僧侶が居住して仏道を修し、民衆に仏の教えを説き、仏を信じ、仏の教えに従って生きようとする大衆の先達となって大衆と共に修行生活をする道場である。

現代社会に適応した寺の開設にあたって先ず行ったことは、法人の目的を具体的にはっきりと示し、宗教活動の内容を明らかにして、その目的達成のために必要な実践メニューを作成した。

◇宗教法人観音寺規則に掲げた目的

「この法人は、釈迦如来を祖師と仰ぎ、聖観世音菩薩を本尊とし、観音霊泉による沐浴、断食および坐禅を実践項目とし、衆生の心身の癒やしと健康増進に資する観音信仰の教義をひろめ、儀式行事を行い、信者を教化育成し、その他この法人の目的を達成するための財務その他の業務を行うことを目的とする。」

宗教法人観音寺の目指す、現代社会に適応した寺院の目的は、「心身の癒やしと健康の増進」

にある。

仏教における修行者の生活は、自然に身を任せ、無理のない小欲知足の生き方である。このような修行法によって「こころ」を穏やかに保ち、病気になりにくい、また病気の治りやすい自分を作るのが出家者の修行生活である。これはメンタルケアに重きを置く養生医療であるが、このような仏教の在り方が僧院生活によって修行という名のもとに伝承されてきた。

観音寺の目指す仏教のルネッサンスとは、僧侶の寺院生活を本来の在り方に戻し、これを一般に開放して信仰を共にする大衆と共に仏の道《仏道》を実践することである。

【観音修法実践項目】

①坐禅……心身一如となる瞑想、自己喪失の現代人をして不動の自己を確立させる。

②瞑想……ストレスに強くなる、リラックス瞑想、なにも考えない時間に浸る。

③沐浴……心身を清めるための入浴、斎戒沐浴、心と体の毒素を落とす。

④断食……「断食は水のない沐浴である」という仏陀の言葉の通り、断食をすると体の健康センサーが活性化して、休止していた健康本能が働きはじめ、自然と健康体質に向かっていく。

⑤読経……般若心経、大悲心陀羅尼、妙法蓮華経観世音菩薩、普門品偈、延命十句観音経、観音靈水賛、観音偈、発願

⑥写経……般若心教の書写、勤行と同じ功徳あり。
⑦作務……境内地、庭園の草取り、畑作業
⑧聞法……法話（仏の知恵）を聞いて自分を正す。
⑨呼吸法……足心呼吸を身に着けて心身の健康を図る。
⑩喫茶、喫飯（茶道と精進料理）……健康な食習慣を習得

【修行の方法　八正道】
①正しく見ること。人生は苦であると認識すること。
②正しく考えること。こみあげてくる欲望からどうしたら離れられるかを考えること。
③嘘をつかないこと。
④大乗戒（五戒）を守って生きること。
⑤仏教の教えに従って正しく生きること。
⑥正しい方法で修行すること。
⑦正しい瞑想をすること。

【菩薩行（六波羅蜜）】
①布施行

②持　戒
③忍　辱
④精　進
⑤禅　定
⑥智　慧

禅の教えは、日常生活そのものを仏教の実践活動と見なす。坐禅は基本的な修行であるが、ただ単に僧院で坐すことを意味するものではない。むしろ日常生活上の平凡な行い、すなわち調理、食事、清掃、草取りなどの作務を規則正しく丁寧に行うことが禅の修行である。

《付》仏教関係の法令発布と仏教の変遷に関する年表

・慶長五年（一六〇〇）～寛永二年（一六二五）
寺請制度、檀家制度（一家一寺をたて前とする家ぐるみの信仰の世襲制の強行）、宗門人別帳により戸籍を把握。

各宗共通の「諸国寺院御掟」九条の制定。

本寺と末寺、寺院法度を発布（寺院、僧侶を幕藩体制の秩序に押し込めるための法令）。この法令の制定に当たったのは金地院の崇伝。法度の内容は、僧侶の修行、宗学、儀礼の奨励、本末関係の確立、僧侶の階級厳守、悪僧の庇護禁止、僧侶の任命法。

・元和六年（一六二〇）
寺の関係を厳しく規定。本末帳を幕府に提出。

これによって本寺は末寺に対して、住職任命権、裁判権を掌握した。

・寛文八年（一六六八）
新寺建立禁止令。これによって既成寺院の存続が安泰となった。曹洞宗では寺の相続は一師印証、師資面授を厳しくし、伝法の三物（血脈、大事、嗣書）を授受している者のみに相続を認めた。

・延享三年（一七四六）
本寺と末寺の徹底調査、本末帳の提出。今日の本末関係はこのときに決定したものを継承している。
・慶応四年（一八六八）
神仏判然令、神仏混合を禁ずる。
神仏分離令発布。
・明治二年（一八六九）
華族、氏族、平民の族称が新設され、僧侶は平民となる。
各地で撤廃運動が起こる。
・明治四年（一八七一）
寺社領上地令（寺領を国有地化する）。

戸籍法改正、宗門人別帳、寺請制度廃止。葬儀埋葬法制定。自葬を禁じ、僧侶に依頼するよう布告。
・明治五年（一八七二）
一向宗を真宗と改称させられる。僧侶に肉食、妻帯、蓄髪および法要以外での平服着用を許可する。僧侶に苗字を称せしめ平民とした。一宗一管長の制とする。天台宗、真言宗、浄土宗、禅宗、時宗、真宗、日蓮宗の七宗に通達。永平寺、総持寺親睦の盟約なる。

・明治七年（一八七四）
仏教各宗相互間の転宗、転派を許す。
・明治九年（一八七六）
曹洞宗教会を結成。
・明治十五年（一八八二）
曹洞宗大学林専門学校開校（十月十五日）。
・明治十六年（一八八三）
各宗に宗制を制定させて、住職の任免などを各管長に委任する。
・明治二十年（一八八七）
扶宗会設立（曹洞宗）。
・明治二十一年（一八八八）
洞上行持規範を編纂する（曹洞宗）。
・明治二十二年（一八八九）
曹洞教会修証義編纂。
・明治三十九年（一九〇六）
宗憲発布して宗制完成する（宗憲、宗法、宗規）（曹洞宗）。
・昭和二十二年（一九四七）

日本国憲法施行、信教の自由、政教分離。民法上の家制度の廃止。

・昭和二十六年（一九五一）

宗教法人法公布、施行。

・昭和三十九年（一九六四）

宗制を宗教法人法に則って全面変更。各寺院は寺院規則を作って、宗教法人として発足。

＊昭和五十年の宗教統計では宗教法人法の適用される仏教系の宗教団体は一六一である。

＊現在、日本の寺院数はおよそ八万ヶ寺あり、僧侶の数は三十万人、葬儀、法要だけで自立出来る寺は約三割である。

＊諸般の事情で納骨できずに家庭内に保管されている故人の遺骨は、首都圏だけでも二百万柱あると言われている。今後首都圏だけに限っても年間死亡数が二十四万人を超え、その死亡者の約三割以上が新規に墓地を探すか、または家庭内に置いたままになると言われている。

あとがき

仏教は本来、人間の幸せを実現するために存在している。そういう意味では、人間の文化はすべて幸せを実現するために発展してきた。ただ仏教が他の文化と異なるのは、幸せを実現する方法にある。一般に文化は「欲求」→「充足」の形で幸せを実現してきた。しかし、仏教は「欲求」→「超越」の形で真の幸せを得ようとする教えである。

一般によく知られているように、人間の生活は「文化」と呼ばれるさまざまな行動様式に従って行われている。道具や言語の使用法、技術や科学的知識、人々の間の交渉の在り方を規制する各種の習慣、それらが体系化され強い拘束力を持った法律、善悪を分かつ内面的な基準としての道徳、人間の感情を生命体のリズムに即して表現する芸術、人生の究極の意味に従って物事を位置付ける宗教などの文化は、もともとは人間の基本的欲求の充足過程で生まれたものであるが、社会生活を通して伝承されている間に反射的なあるいは基本的な欲求から次第に遠く離れていった。

とくに宗教は最も派生した文化だと言われているように、食欲、睡眠欲、性欲、集団欲などの本能を極限にまで抑えることによって真の幸せを得ようという文化である。

特に釈迦牟尼仏陀は人間の輪廻的生存は「すべて苦である」と捉えて、その苦の生じる原因は底知れぬ「生」への執着（欲望）であると考えて、その執着を超越することによって真の幸せが得られることを発見して仏陀となった。

物質文明が頂点に達した現代、人々は金さえあれば何でも手に入れることが出来る時代である。自分の欲望を満たすために金を求めて血眼になっている。

現代人が抱えている欲望は大きく分けて三つある。その第一は病苦、老苦から逃れるため健康でありたい、第二は経済的に豊かでありたい、第三は人間関係のストレスから逃れたい。この三つの欲望は金銭では充足できない。これら現代人の悩みを根本的に救うことが出来るのは仏教を除いて他にはない。

本書が目指す仏教の近代化は、形骸化した仏教を再生して現代人の悩みに答えうる仏教を取り戻すことにある。

人間の欲望は尽きることがない。欲望を満たすことによって得る幸せは永遠に手にすることはできない。「取る」幸せには上限がない。「出す」幸せによって永遠の幸せを得る教えが仏教の原点である。日本仏教を担っている僧侶は、今こそ仏教の原点に目覚めて、菩薩行に徹する生活を取り戻し、衆生と共に仏道を行ぜんことを。

最後になったが、本書の出版を快くお引き受けくださった風詠社の大杉剛社長に深く感謝、お礼申し上げます。

高瀬 武三（たかせ たけみ）

1934年、愛知県小牧市生まれ
駒沢大学大学院人文科学研究科修士課程修了
東北大学大学院実践哲学科博士課程修了
駒沢大学文学部宗教学講師
愛知学院大学宗教学部講師
曹洞宗大本山總持寺講師兼出版部長
(財)仏教伝道協会初代事務局長、「仏教聖典」編集員
曹洞宗大叢山福厳寺住職在住45年
学校法人福厳寺学園太陽幼稚園創立、理事長兼園長在任43年
現在は単立 宗教法人観音寺創立、代表役員兼住職として大衆向け禅体験
専門道場を開設、坐禅瞑想、沐浴、断食修行を実践
専門：宗教社会学、仏教学、禅学、人間学としての幼児教育

日本仏教の近代化 ―社会変動に即して―

2018年12月27日　第1刷発行

著　者　高瀬武三
発行人　大杉　剛
発行所　株式会社 風詠社
〒553-0001　大阪市福島区海老江5-2-2
大拓ビル5-7階
TEL 06（6136）8657　http://fueisha.com/
発売元　株式会社 星雲社
〒112-0005　東京都文京区水道1-3-30
TEL 03（3868）3275
印刷・製本　シナノ印刷株式会社

ISBN978-4-434-25493-2 C3015